Général DEMIMUID TRÉÜILLE DE BEAULIEU

NOTICE

SUR LA

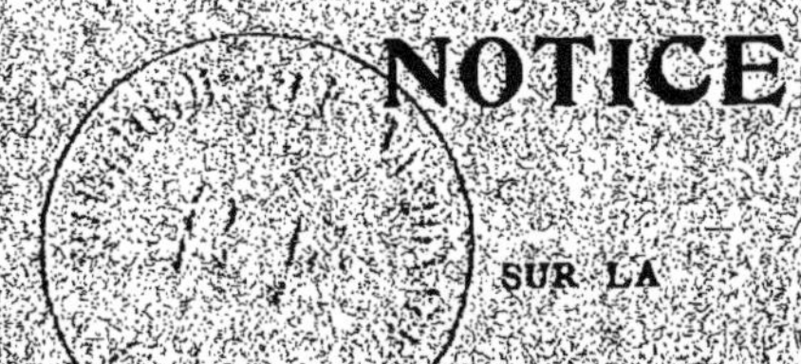

FAMILLE DE LAMOLÈRE

NOTICE

SUR

LA FAMILLE DE LAMOLÈRE

NOTICE

SUR

LA FAMILLE

DE LAMOLÈRE

PARIS

IMPRIMERIE DES ORPHELINS-APPRENTIS

40, RUE LA FONTAINE, 40

—

1906

Armoiries
de la Famille de Lamolère

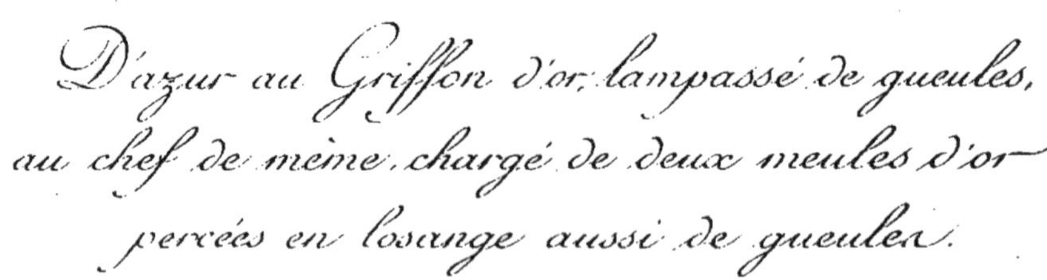

D'azur au Griffon d'or, lampassé de gueules,
au chef de même, chargé de deux meules d'or
percées en losange aussi de gueules.

NOTICE

LA FAMILLE DE LAMOLÈRE

L'historique de la famille de Lamolère que nous tentons de reproduire, n'offre pas seulement l'attrait d'un tableau généalogique toujours attachant pour ceux qui y retrouvent leurs ascendants ; il présente un intérêt plus général et plus instructif, en ce qu'il permet de suivre la marche à travers les âges d'une famille, qui, partie des couches moyennes de la société, s'est élevée de plus en plus haut, grâce à l'intelligence et au labeur de ses membres ; ce fut une de ces races honnêtes et énergiques qui ont amené la France au degré de grandeur où elle était parvenue au moment du règne de Louis XIV.

Le nom de Lamolère était déjà, à une date fort reculée, répandu dans le Midi.

En l'an 1289, B. de la Molera est témoin dans un acte d'accord, en date du 20 novembre 1289, entre les consuls de Sauveterre et les nobles et chevaliers du lieu au sujet du payement des tailles (1).

En 1377, Johannes de la Moliera et Petrus de la Molera figurent sur la liste des nobles et notables de

(1) Archives du château de Lauture, commune de Cazillac, près Lauzerte. Le château de Lauture appartient au colonel marquis d'Escayrac de Lauture.

la juridiction de Lectoure, assemblés en cette ville le 13 mars de la dite année, pour traiter la question de la moitié du pouvoir judiciaire accordée au comte d'Armagnac qui les avait délivrés de la tyrannie des seigneurs du voisinage (1).

En 1551, Denis de Lamolera de la Viela de Morlaas est cité parmi les nobles hommes assistant, le 26 novembre, à la séance de clôture des Etats du Béarn assemblés à Pau par mandement du roi Henri II d'Albret (2).

La famille de Lamolère est originaire du Quercy ; elle a formé trois branches principales.

La *première* en date, que nous désignerons sous le nom de branche du Quercy, remonte, à notre connaissance, jusqu'à 1350, époque à laquelle Hugues Lamolère habitait le masage de Lamolère, paroisse de Saint-Nazaire de Villebourgon, près de Lauzerte. Cette branche continua à résider dans la ville de Lauzerte ou dans ses environs pendant plusieurs générations ; puis la plupart de ses membres quittèrent le pays natal et allèrent occuper soit à Paris, soit dans d'autres villes, des charges publiques, principalement dans les finances et dans l'administration des monnaies. Ses représentants vinrent se fixer, vers l'année 1750, dans l'Orléanais, aux environs de Châteaudun, et notamment au château de la Perrine qui appartient encore à un de leurs descendants.

Les armoiries de la famille de Lamolère sont : d'azur, au griffon d'or, lampassé de gueules, au chef

(1) *Généalogie de Galard,* par F. Noubens, t. II, p. 25 et 27. Bibliothèque nationale.

(2) Acte du 26 novembre 1551, par lequel le roi Henri II arrête et promulgue les nouveaux Fors du Béarn. Archives de la Perrine.

de même, chargé de deux meules d'or percées en losange aussi de gueules.

La description en est donnée dans l'Armorial général, comme étant les armes d'Etienne de Lamolère, conseiller du Roi, maître particulier des Eaux et Forêts de la ville, prévôté et vicomté de Paris (1).

La *seconde* branche (branche de Bordeaux) a pour auteurs deux membres de la première, Jean et Bernard Lamolère, qui allèrent s'établir à Bordeaux vers le commencement du xviii° siècle. Les Lamolère acquirent rapidement une belle situation dans leur pays d'adoption tant par les charges qu'ils occupèrent que par leurs alliances.

Certains d'entre eux émigrèrent à Saint-Domingue, où ils firent une belle fortune qui s'effondra pendant la période révolutionnaire. Il ne reste plus de la branche bordelaise aucun membre portant le nom de Lamolère.

Les armoiries des Lamolère de Bordeaux sont les mêmes que celles de la branche du Quercy ; elles sont indiquées dans l'Armorial général, comme étant celles de Bernard Lamolère, avocat au Parlement de Paris, conseiller du Roi, directeur particulier et trésorier de la Monnaie de Bordeaux (2).

La *troisième* branche, celle de Morlaas, en Béarn, ne se rattache pas d'une manière aussi évidente que celle de Bordeaux à la souche commune ; mais il n'est pas douteux qu'il y ait eu des alliances entre les Lamolère de Morlaas et ceux de Lauzerte. Le célèbre pèlerinage de Notre-Dame des Vaux établissait des relations annuelles entre le Béarn, la Biscaye et Lauzerte ; ces relations ont conduit dans cette dernière

(1) *Armorial général de d'Hozier ; Généralité de Paris,* tome I, p. 242, n° 212.

(2) *Armorial général de d'Hozier ; Guyenne,* p. 134, n° 95.

ville les Lamolère de Morlaas et amené des mariages entre les deux familles.

Les Lamolère du Béarn restèrent pour la plupart à Morlaas et y remplirent des charges publiques, notamment, comme leurs parents des autres branches, dans l'administration des monnaies.

La branche de Morlaas est actuellement éteinte. Son dernier représentant, M. Edouard de Lamolère, qui fut conseiller général des Hautes-Pyrénées, habitait encore la maison patrimoniale il y a quelques années.

Les armes de cette troisième branche sont les mêmes que celles des deux autres.

BRANCHE DU QUERCY

Hugues Lamolère.

Hugues (ou Hugon) Lamolère habitait, vers 1350, le masage de Lamolère, paroisse de Saint-Nazaire de Villebourgon, près de Lauzerte, où se trouve encore aujourd'hui la métairie de Lamolère.

Il épousa Bernarde de Morlach (1). Le prénom de Bernard se retrouvera souvent dans la famille de Lamolère. Vers la fin de sa vie, Hugues alla résider à Lauzerte. On a conservé de lui un testament qui porte la date du 18 août 1367 (2).

Testamentum	**Testament.**
Hugonis de Lamolera.	d'Hugues de Lamolère.
In nomine Domini, amen.	Au nom du Seigneur, ainsi soit-il.

Anno Incarnationis ejusdem MCCCLXVII°, die XVIII mensis Augusti, regnante domino nostro domino Edwardo, dei gracia principe Acquitanie et Wall, noverunt : qu'En Huc de la Molera que esta a Lauzerta, al barri de Nostra Dona, sus de sa pesa, etc. et malaudes de son cors, etc., fec son testamentum.

L'an de l'Incarnation 1367, le 18° jour du mois d'août, sous le règne de Notre Seigneur Edouard, par la grâce de Dieu prince d'Aquitaine et de Galles, sachent tous: que Monsieur Hugues de Lamolère, demeurant à Lauzerte, au faubourg de Notre-Dame, étant en état de maladie, fait son testament comme suit :

Et primieramen donet sa anima a Dio et vole esser sebelhit el sementeri de

Et premièrement il donne son âme à Dieu et veut être enseveli au cimetière de Notre-Dame de Lauzerte ; il donne et lègue, par

(1) A cette époque les femmes portent toujours la particule devant leur nom, ce qui n'est pas d'ailleurs une preuve de noblesse.

(2) Etude de Constantin, notaire à Lauzerte, registre n° 3, f°° 129 à 131. (Arch. départ. du Tarn-et-Garonne).

amour de Dieu, à la confrérie de Notre-Dame de Lauzerte une demi émine de froment ; de même au luminaire de l'église de Notre-Dame de Lauzerte et aux hôpitaux de Notre-Dame et de Saint-Barthélemy, à chacun six deniers guyennois ; de même il donne et laisse à M. B. de Lamolère, son frère, et à R. de Gausselin, son neveu, à chacun dix sous guyennois, qui leur seront payés dans l'année après son décès ; de même il reconnaît avoir reçu de Bernarde de Morlach, sa femme, tant de ses biens que de ses causes, une valeur en deniers de dix livres guyennoises ; il lègue à sa dite femme dix livres de Guyenne reconnues payables par cent sols à partir de..... ans après son décès, chacun an, cent sols ; et en outre deux couettes et trois coussins, un tapis, une couverture et huit draps de lit ; en plus une tonne, une pipe, quatre coffres, un chaudron, un pichet d'étain et un trépied ; lesquels objets le dit testateur veut quelle ait et reçoive aussitôt après son décès, quand il lui plaira ; en plus il lègue à sa dite femme pour tout le temps qu'elle vivra pour en user suivant sa volonté un septier de vin mou, sans eau, à prendre sur la vigne qu'elle possède à (lieu désigné) ; en plus il nomme sa dite femme maîtresse et seigneuresse et gouvernante de ses enfants et de ses biens, usufuitière tant qu'elle vivra sans prendre mari ; de même il donne et lègue à Pierre et à Jean de Lamolère, ses fils légitimes et naturels, à chacun d'eux quinze livres de Guyenne, et en outre une couette et deux draps, de ceux qui sont en sa maison, payable à chacun quand il aura accompli l'âge de 15 ans, c'est à savoir en l'espace de quatre ans après les dits 15 ans, chacun cent sols des dites livres de

Nostra Dona de Lauzerta ; e donet e laychet per amor de Dio, à la cofrayria de Nostra Dona de Lauzerta meia emina de fromen ; item a l'alhimenaria de la gleya de Nostra Dona de Lauzerta e als hospitals de Nostra Dona et de San Bertholomo, a cascun vi dens guianes ; item donet e laychet a'n B. de Lamolera, son fraris, e a R. de Gausselin, son bot, a cascun dec. sols guianes, un avec pagados dins l'an apres son dezanamen ; item réconoce dihs que al avia agut de na Bernada de Morlach, sa molher, et de sos bes et de sas causas tant que valia tot en deniers dec. lhioras de guianes ; e may laychet a la dicha sa molher dec. lhioras de guianes questio xx reconogudas paguadorias cente sol à cap de.... ans apres son dezanamen, cascun an, C. S. ; e may doas cosseras et iii coychis, et 1 chillo et una flossada et viii lensols, e may una tona et una pipa et quatre caychas et una cubei et una pichera d'estanh et hun ender, lasques causas vole lodic testador que la agues et cobres tantost après son dezanamen de l'huy, quant a lhies plasera ; e may laychet a la dicha sa molher et donet per tot temps ay tant quant e la vivra per fas sos plosers hun cestiers de vin moit ses aygua sobre la vinha que ella ha eu la..... ; e may laychet la dicha sa molher, dona et senhoiressa et governayritz de sos effans et de sos bes, et usuffructuari aytant quant ela vivra sei prendre marit ; item donet et laychet a Peyre e a Johan de la Molera, ses filhs lials et naturals, a

VUE DE LAUZERTE

cascun de lor quinze lhiuras de guianes, e may une cossera et dos lensols.... d'aquels que son en son hostal, a cascun paguador quant aurian complida la etat de xv ans, secs assaber en quatre ans apres los digs xv ans, cadun c. sols dels digs guianes et ab la prima pagua, que lor sia paguat la cossera es lensols ; e may laychet lor per tot la dig temps lors aliments et lor estacga competens en son hostal, en las quas causas fec los digs ses filhs sos heretiers particulars et que..... als no posco demandar. esi delos d'aquest dos effans dezanova dins le dig temps de quinze ans o apres en quelque temps que delor dezanes, o de l'un de lor, que tota la dicha laicha tornes al sobreviven e a son heretier sot. serig si sobrevivia, e pagadas las laychas et sas almoynas, etc. En tosts ses autres bes fec son heretier Bartholomio son filh et si del dig Bartholomio desanova ses effans, dins pupillar o apres, que tornes als digs P. e a Johan e a aichi de l'un a l'autre sobreviven. Et tot autre testamen o codicille e preguet enqueret en P. Sabatier, P. de Camdelia, W. de Salvanhac, W. Calve, B. Cadel, Johan Pelhicier, Ar. Dalpug, que d'aquest son testamen sui testimonis.

Actum Lauzerte, testes sunt ut supra.

Guyenne, et au premier payement qui leur sera fait, on leur remettra la couette et les draps ; en outre il leur lègue pour tout le dit temps les aliments et un entretien convenable en son hôtel ; en lesquelles choses il fait ses dits fils ses héritiers particuliers et veut qu'ils ne puissent rien réclamer. Et si quelqu'un de ses enfants décède dans le dit temps de quinze ans ou après, quelle que soit l'époque de leur décès ou de l'un d'eux, que tous les dits legs retournent au suivant et à son héritier, s'il survit, et que soient payés ses legs et ses aumônes, etc. Pour tous ses autres biens, il fait son héritier Barthélemy son fils et si le dit Barthélemy décède sans enfans, soit mineur soit après, que ses biens retournent aux dits Pierre et Jean, et ainsi de l'un à l'autre survivant. Il révoque tout autre testament ou codicille ; il se confie à P. Sabatier, P. de Camdelia, W. de Salvanhac, W. Calve, B. Cadel, Johan Pelhicier, Ar. Dalpug, qui sont témoins de son testament.

Fait à Lauzerte, les témoins comme ci-dessus.

Il ne nous a pas été possible de reconstituer une filiation entre Hugues et les premiers membres authentiques de la famille Lamolère du Quercy. Mais l'on retrouve d'une manière ininterrompue des Lamolère tant à Lauzerte qu'à Saint-Nazary de Villebourgon pendant toute la durée des xvᵉ et xviᵉ siècles.

Nous ne nommerons pas tous ceux dont on retrouve la trace dans les minutes des notaires de Lauzerte ; l'énumération en paraîtrait quelque peu fastidieuse ; nous nous bornerons aux citations suivantes :

En 1410 (1), en 1423 (2), en 1433 (3), en 1446 (4), quatre Lamolère de Lauzerte paraissent dans des actes comme témoins.

Le 30 septembre 1475, Hugues de Lamolère, de Lauzerte, épouse Guilhalmme de Binet (5). En 1479 et 1481, Hugues Lamolère, probablement le même, figure au nombre des jurats de Lauzerte (6).

Le 29 mars 1543, Pierre Lamolère, fils d'autre Pierre de Saint-Nazary de Villebourgon, est en procès avec Jean Latour pour le paiement d'une somme de 10 livres (7).

En outre nous trouverons plus loin, parmi les minutes du notaire Pierre Lamolère, un certain nombre de pièces qui fournissent la preuve des relations existant entre les Lamolère de Lauzerte et ceux de Saint-Nazary de Villebourgon.

(1) Minutes de Faure de Constantin, n° 2.
(2) Minutes de Saucius Parlerii, n° 7.
(3) Minutes de Saucius Parlerii, n° 86.
(4) Arch. du Château de Lauture R. fᵒ, n° 3.
(5) Minutes de Jean Buséjou, fᵒ 4.
(6) Minutes de Jean Maurety, n° 26 fᵒ 278.
(7) Minutes de Courtois, 1545, fᵒ 58.

Arnaud Lamolère.

Arnaud Lamolère est le premier du nom auquel remonte authentiquement la filiation de la famille. Il vécut à Lauzerte vers 1560 et épousa Marie de Guyot, fille d'un praticien de Saint-Sulpice de Chioulet. Il acheta, au mois de juillet 1608, à Jean Molhères dit Potet, une maison située derrière l'église Saint-Barthélemy, moyennant une certaine somme en argent plus trois barriques de vin (1).

Cet acte de vente est important ; il va nous permettre, nous le verrons ci-dessous, de constater la filiation entre Arnaud et Pierre Lamolère, notaire royal.

Arnaud Lamolère mourut le 27 août 1608 et fut enseveli dans l'église Saint-Barthélemy : l'acte de décès se termine par ces mots : « *cujus animæ Deus det pacem et vitam æternam. Amen* (2).

Après la mort d'Arnaud, la maison, qu'il avait achetée à Jean Molhères fut l'objet d'un procès entre le vendeur et Marie de Guyot, veuve d'Arnaud. Pierre Lamolère, notaire royal, fils d'Arnaud, agissant pour sa mère, transigea le 18 juillet 1609 avec le sieur Molhères. Il fut décidé que chacun payerait les frais respectifs et que Molhères donnerait 20 livres à raison du vin (3).

Le 17 septembre 1611, Marie de Guyot, en « contemplation des agréables services qu'elle a reçus de Jean Lamolère, acolyte (4), son fils, et considérant qu'il veut être pourvu des Saints-Ordres, » lui constitua un

(1) Minutes de Lolmède. 1607-1609.
(2) Etat civil de Lauzerte, n° 4.
(3) Minutes de Lolmède.
(4) Enfant de chœur.

titre clérical comprenant : 1° une maison dans la grande rue de Lauzerte, voisine de celle de Pierre Lamolère, notaire, consistant en une chambre, une boutique et un dessous ; 2° une vigne située au territoire del Py, contenant une quarterée ; 3° une terre au territoire de Bocquée, contenant trois quarterées ; etc. Lesquels biens donnant 800 livres de revenu, la dite de Guyot a dit être suffisants pour la nourriture et l'entretien de son fils (1).

Nous verrons plus loin Marie de Guyot, marraine de ses petites-filles, Marie et autre Marie, filles de Pierre Lamolère.

Elle mourut le 28 avril 1637 et fut enterrée en l'église de Saint-Barthélemy, au tombeau de feu son mari (2).

Parmi les enfants d'Arnaud Lamolère et de Marie de Guyot nous citerons :

1° Pierre, qui suit ;

2° Jean, le bénéficiaire de la donation ci-dessus que nous trouvons qualifié prêtre et vicaire de Lauzerte, dans l'acte de baptême de son neveu Jean, fils de Pierre, en date du 25 avril 1615 (3).

Il mourut le 7 février 1619 et fut enterré dans le tombeau de famille en l'église Saint-Barthélemy (4).

Pierre Lamolère.

Pierre Lamolère, fils d'Arnaud et de Marie de Guyot (5), naquit vers 1580.

(1) Minutes de Lolmède, n° 3, f° 82.
(2) Etat civil de Lauzerte, n° 3.
(3) Etat civil de Lauzerte, n° 1.
(4) Etat civil de Lauzerte, n° 4.
(5) L'acte de baptême n'a pas été retrouvé ; mais la filiation est prouvée par l'acte d'accord du 18 juillet 1609 cité ci-dessus.

Il est qualifié notaire royal dans l'acte de son mariage avec Jeanne de Rouges en date du 9 janvier 1608. La cérémonie eut lieu « en la chapelle qu'est dessoulz le Chateau du Roy, où l'on faict le service divin, le mardi ix⁰ jour du moys de janvier 1608. « Le saint Sacrement de mariage leur a été administré par moy soussigné, Jean Fraussié, prestre et vicaire du dit Lauzerte, où sont été gardées et observées toutes les solemnités suyvant le sainct Concille de Trente, statuts et ordonnances de nostre Saincte mère Esglise, en présence de Maître Louys de Rastel, lieutenant particulier, de Maître Géraud Laroque (1), procureur et plusieurs autres avec moy. Signé : Fraussié, prestre et vicaire (2). »

On a retrouvé dans les archives de Lauzerte de nombreux actes relatifs à la famille Lamolère, passés dans l'étude de Pierre Lamolère de 1610 à 1621. Nous citerons entre autres : le contrat de mariage d'Antoine Malaret et de Bernarde de Lamolère (3 novembre 1611) ; le testament de cette même Bernarde, « malade du mal d'enfant » (11 août 1612) ; le contrat de mariage de Durand Combadazou et de Jeanne de Lamolère de Saint-Nazary de Villebourgon (7 janvier 1613) ; le testament de la même Jeanne (7 mai 1615) ; le testament d'Antoinette de Lamolère de Saint-Nazary de Villebourgon, veuve de Guillaume Delbocq et sœur de Jeanne (14 octobre 1615), etc.

Pierre Lamolère dressa en qualité de notaire royal, le 24 décembre 1616 et le 28 août 1621, l'inventaire des titres et documents appartenant à l'hôpital de Lauzerte « qui sont été trouvés après le décès de messire

---

(1) Géraud Laroque était fils d'Estienne et de Jehanne de Lagacherie, de l'une des plus anciennes familles du lieu.

(2) Etat civil n° 1 et registre de Saint-Barthélemy, 1599-1617.

Tibault Lafleur, archiprebstre du dit Lauzerte et commandeur du dit hospital » (1).

En 1627, Pierre Lamolère était procureur au Sénéchal de Lauzerte : il est désigné comme occupant cette charge dans l'acte de donation suivant :

« Le 10 novembre 1627, au faubourg Sainte-Catherine de Moissac, messire Jean du Goût, seigneur baron du Bouzet, en qualité d'héritier par bénéfice d'inventaire de feu messire Gabriel du Sorbier, quand vivait lieutenant général au siège de Lauzerte, de son bon gré, donne, par donation pure et simple et à jamais irrévocable, à Messire Pierre Lamolère, procureur au siège de Lauzerte, le droit de patronat des chapellenies de Sainte-Anne, Saint-Mathurin et de Messire Gasbert de Laval, archevêque de Narbonne, fondées et desservies ès églises de Saint-Barthélemy de Lauzerte et de Saint-Pierre de Nazac, pour jouir par le dit Lamolère et les siens à l'avenir du dit droit de patronat et en pourvoir tels prêtres que bon lui semblera, lorsqu'elles viendront à vaquer, tout ainsi que le dit seigneur constituant et ses devanciers en ont joui et usé jusques à la collation faite des dites chapellenies à Messire Guillaume Motes, archiprêtre de Lauzerte, à présent possesseur des dites chapellenies, en conséquence de la procuration et collation que feu Messire Octavien du Goût, père du dit seigneur constituant, lui en a faites et des susdits patronats et droits en dépendant. Témoins : Messire Gaston de Terray, seigneur et baron de Mauvezin, et Guillaume Motes, archiprêtre. Règes, notaire (2). »

Il n'est peut-être pas superflu de donner ici quelques détails sur l'institution des chapellenies, qui date du

(1) Papiers confisqués au château de Feuillas, au moment de la Révolution, et conservés à la Bibliothèque de Bordeaux.

(2) Minutes de Montet.

moyen âge. La chapellenie était un bénéfice quelquefois ecclésiastique, le plus souvent laïque. C'était dans ce dernier cas une fondation temporelle faite sans l'intervention d'aucune autorité ecclésiastique, rentrant dans le commerce et pouvant être vendue et achetée sans que l'on encourût le crime de simonie.

Un grand nombre de chapellenies furent fondées dans les âges de foi et jusqu'au milieu du xvie siècle, même dans les plus modestes campagnes, en l'honneur de Dieu et des saints, pour lesquels le fondateur avait une dévotion particulière ; elles étaient desservies dans l'église paroissiale ou dans une chapelle particulière. Souvent le fondateur donnait l'aube, l'étole, le manipule, la chasuble, un calice d'or ou d'argent et quelquefois même un missel écrit en entier de sa main. Moyennant certaines rentes, le plus souvent en nature, un prêtre était chargé de célébrer le saint sacrifice, une ou plusieurs fois par semaine, pour le repos de l'âme du fondateur.

Les chapellenies étaient à la collation soit des consuls, soit des recteurs ; souvent le droit de patronat ou de nomination du chapelain était réservé à la famille du fondateur, et on ajoutait ordinairement la clause que, s'il y avait un prêtre dans la descendance, il devait être préféré à tout autre. Il arrivait souvent que le titulaire n'en remplissait pas les fonctions ; il en touchait les revenus, dont il cédait une partie à un prêtre obituaire ou à tout autre, à la charge par celui-ci d'exécuter les volontés du testateur : c'est ainsi que l'on trouve maintes fois des professeurs d'université ou des abbés appartenant à des familles nobles, titulaires de chapellenies dans des diocèses très éloignés ; et comme la plupart de ces chapellenies étaient laïques on pouvait en posséder plusieurs sans manquer aux canons de l'Eglise qui défendent la pluralité des bénéfices. Plus tard il y eut même nécessité de réunir plusieurs chapellenies sur une seule tête, afin que le chapelain eût la vie matérielle assurée.

Le droit de patronat passait par héritage du fondateur à ses descendants ; il pouvait passer dans une autre famille par vente ou donation (1).

Le 9 septembre 1639, Pierre Lamolère figure avec M. Armand Fabry, docteur et avocat, comme procureur au siège présidial et consul de Lauzerte, dans une pièce concernant les intérêts de cette ville (2).

Par acte du 10 décembre 1644, Pierre constitua une donation sous forme de titre clérical à son fils Bernard. Les considérants sont semblables à ceux qui figurent dans la donation faite par Marie de Guyot à son fils Jean Lamolère. La donation faite à Bernard comprend : 1° le tiers d'un moulin appelé le Tournissant, avec le tiers des parties, isles et chenevières en dépendant ; 2° une pièce de terre et pré assise au terroir des Nauzes, paroisse de Notre-Dame des Baux de Lauzerte ; 3° une pièce de terre et chenevière au terroir Delpy de la dite paroisse Notre-Dame ; 4° une pièce de vigne en la paroisse de Saint-Nazaire de Villebourgon, etc. (3).

Pierre n'était plus procureur en 1652 ; il est désigné comme « jadis procureur » dans l'acte de décès de sa femme Jeanne de Rouges qui porte la date du 30 septembre 1652 (4).

Pierre Lamolère décéda le 31 octobre 1668 ; il fut enseveli dans l'église Saint-Barthélemy (5).

---

(1) *Ma paroisse,* par M. l'abbé Taillefer, curé de Cazillac, près Lauzerte.
(2) Papiers du Château de Feuillas.
(3) Papiers du Château de Feuillas.
(4) Etat civil, n° 3.
(5) Etat civil, n° 5.

De son union avec Jeanne de Rouges naquirent :

1° Marie, baptisée le 26 avril 1609. Elle eut pour parrain Pierre Rouges, praticien, son grand-père maternel, et pour marraine Marie de Guyot, veuve d'Arnaud Lamolère, sa grand'mère paternelle. Marie mourut le 5 août suivant (1).

2° Jeanne, baptisée le 25 août 1610, parrain Jean Lamolère ; marraine demoiselle Jeanne de Vézian, femme de Maître Luys de Rastel, lieutenant particulier au siège de Lauzerte. Jeanne de Lamolère épousa Etienne Nogairède, notaire, qui avait succédé en cette qualité à son beau-père devenu procureur ; il lui succéda aussi plus tard dans cette dernière charge.

3° Madeleine, baptisée le 21 novembre 1612 ; parrain, Jean Molières, notaire à Moissac ; marraine, Madeleine de Guyot, grand'tante de l'enfant (2). On trouve dans un acte du 7 juillet 1646, demoiselle Madeleine de Lamolère, religieuse au couvent de Sainte-Claire de Lauzerte (3).

4° Jean, qui suit.

5° Marie, baptisée le 17 septembre 1617 : parrain, Guillaume Rouges, praticien, oncle de l'enfant ; marraine, Marie de Guyot, sa grand'mère (4).

6° Bernard, baptisé le 9 août 1620 : parrain Messire Bertrand Vidal, prêtre, recteur de Saint-Sernin des Pinliers : marraine Cyprienne de Ventach, femme de Guillaume Rouges, procureur (5).

Nous avons vu que, par acte du 10 décembre 1644, Pierre Lamolère constitua un titre clérical à son fils Bernard, alors âgé de 24 ans. Bernard fut pourvu de

(1) Etat civil, n° 1.
(2) Etat civil, n° 1.
(3) Minutes de Nogairède, notaire.
(4) Etat civil, n° 2.
(5) Etat civil, n° 2.

la cure de Sainte-Anne du Puy, en Bazadais. Ses débuts dans cette cure furent difficiles au point de vue pécuniaire, si nous en croyons une série de lettres adressées par lui à son père. Il suffira d'en citer une en date du 12 avril 1648.

« Monsieur mon père, pour satisfaire à votre volonté et afin qu'il vous plaise, non obstant les afferes qu'il plaise au bon Dieu vous envoyer, me voulloir, puisque je me trouve obligé à parfaire le paiement de la maison et jardin que j'ai achepté à ce tigre de Mosnier, ayant même soldé comme vous verrez par la coppie du contract que je vous envoie que M. de Locre en ait répondu, me faire tenir ce que je lui reste devoir et que ce soit par un homme exprès dont je vous en prie du profond de mon âme ; de laquelle somme si vous voulez vous faire faire quittance et vous l'envoieray par le mesme porteur ; mesme seize livres pour ce qui concerne la portion de mes provisions, lesquelles il s'est obligé en présence de M. de Raimon de Locre et Mingault, me les remettre dans trois mois pour le plus tard ; ce qu'attandant et l'occasion de pouvoir vous rendre mes obéissances, je seray et de ma chère maire ensemble de tous nos parens, monsieur mon père, votre très humble, très obéissant et affectionné serviteur et fils. Lamolère. A La Réolle ce 12 avril 1648. Je vous supplie de me faire certain de vostre volonté par la voie de ce courrier qui passera en revenant samedi à Malause. Mes sœurs les religieuses m'obligeraient de m'envoier quelque peu de leur travail, comme elles m'avaient fait espérer, auxquelles je souhaite parfaite santé (1). »

Les affaires de Bernard finirent par s'arranger, car nous le retrouvons paisible possesseur de sa cure, quelques mois plus tard, le 11 novembre 1648, date à

(1) Papiers du Château de Feuillas.

laquelle il fut parrain de son neveu Bernard Lamolère (voir ci-dessous).

7° Jean, baptisé le 13 février 1622 ; parrain, Jean de Lamolère, capitaine (1) ; marraine, Jeanne de Lamolère, sœur aînée de l'enfant (2).

8° Etienne, baptisé le 8 février 1624 ; parrain, Etienne Nogairède ; marraine, Madeleine de Lamolère, sœur de l'enfant.

9° Jeanne, baptisée le 18 janvier 1626 ; on la retrouve, en 1646, religieuse avec sa sœur Madeleine au couvent de Sainte-Claire de Lauzerte.

Jean Lamolère

Jean Lamolère, fils de Pierre et de Jeanne de Rouges, fut baptisé le 25 avril 1615, dans l'église de Saint-Barthélemy. Il eut pour parrain Jean Lamolère, prêtre et vicaire de Lauzerte, son oncle, et pour marraine, Françoise de Roussel, femme de Jean Courtois, notaire (3).

En 1637, Jean Lamolère est qualifié docteur avocat au baptême de Lucrèce de Rouges, sa cousine, fille de Guillaume Rouges et de Cyprienne de Vantach (4).

, Il épousa, le 23 novembre 1638, demoiselle Marguerite de Cazelles, fille de Jean de Cazelles, docteur avocat, et de Françoise de Julia du Garric, de la paroisse de la Daurade de Cahors (5).

---

(1) Les officiers des troupes royales et même des milices paroissiales se titrent nobles au XVI° siècle.
(2) Etat civil, n° 2.
(3) Etat civil, n° 1.
(4) Registre de Saint-Barthélemy, GG. 2.
(5) Etat civil, n° 3.

Armes des Cazelles.

De gueules au griffon d'argent, à la bordure de gueules séparée du champ par une filière d'argent et chargée de cinq compons, du même, posés deux en chef, un à dextre, un à senestre, un en pointe (1).

Jean Lamolère est désigné comme conseiller taxateur des rôles dans l'acte de baptême de sa fille Jeanne en date du 3o novembre 164o (2) et plus tard comme conseiller du Roi, lieutenant particulier assesseur criminel de la Sénéchaussée de Lauzerte, dans l'acte de baptême de son fils Jean, le 6 mars 1643 (3).

Le 21 novembre 1646, Jean donna à bail, à demi fruits, la métairie de Maux, située paroisse de Thézily, à Ramond Siméon, « pour le temps de quatre années et quatre récoltes complètes et révolues ». Le dit Siméon et sa famille seront tenus de résider à la dite métairie ; « il sera tenu de bien travailler et cultiver les terres, vignes, etc., de bien garder, nourrir et entretenir le bétail. Tous les instruments aratoires, toutes les semences seront fournis mégièrement (4) ; les fruits provenant du dit bien seront commungs et mégiers, la perte sera mégière. Le dit Siméon sera tenu de paier une troisième partie des tailles

(1) Guillon de Malleville et Armorial de 1696, — Généralité de Guyenne.
(2) Etat civil, n° 3.
(3) Etat civil, n° 3.
(4) Par moitié entre le bailleur et le preneur.

et rentes que le dit bien pourra porter ; de donner
et paier chaque année au dit sieur Lamolère cinq
paires de poletz à Saint-Jean, cinq paires de chapons
à Toussainctz, cinq paires de polets à Carnabal, et
cent soixante œufs, moitié à Pasques et l'autre à Carnabal. Le dit Siméon ne pourra vendre aucungs bes-
taihles sans en avertir le sieur Lamolère, ni copper
aucung arbre à pied, etc. N'a signé le dit Siméon pour
ne savoir ; signé, Lamolère, Nogairède, notaire
royal (1). »

Nous citerons ici, comme trait de mœurs de l'époque,
un différend qui se produisit en 1672 entre Jean Lamolère et Mathieu Gisbert son métayer, à la métairie de
Sibirol.

Mathieu Gisbert avait été condamné à la prison,
comme dépositaire de M. de Lamolère et enfermé dans
la prison de Cahors, où il demeura depuis le 6 mai
jusqu'au 13 août. « Pendant ce temps il se pourvut
contre le dit sieur de Lamolère et obtint contre lui
pareille contrainte. Pour mettre laquelle à exécution
il envoya à diverses fois des sergents et particulière-
ment le 12 courant (août 1672) deux archers appelés
Mages et Pairac et un sergent nommé Poulhé avec
certains recors. »

M. de Lamolère, voulant probablement éviter des
poursuites désagréables, envoya son fils Jean, lieutenant criminel, payer la somme pour laquelle il
avait été saisi et en outre le droit de jeaule (geole) et
toutes les dépenses faites par Gisbert pendant son
emprisonnement, soit pour le procès, soit pour les
voyages des archers et sergents.

Jean Lamolère et Gisbert se présentèrent, le 28 août
1672, devant Dandrieu, notaire à Lauzerte, et décla-

(1) Papiers du Château de Feuillas.

rèrent qu'ils acceptaient le règlement de l'affaire dans les conditions qui viennent d'être exposées. De plus « le sieur de Lamolère gratifiait le dit Gisbert de la cessation de son travail et lui quittait et délaissait trois quartes et demi de bled qu'il lui avait prestées, moyennant quoi les parties demeuraient respectivement quittes de tous despens, dommages et intérêts (1). »

Jean Lamolère, sur la fin de sa vie, résida ou tout au moins séjourna à Barbezieux. On l'y trouve en 1683 opérant comme commissaire-député pour la vérification des devoirs nobles et roturiers du marquisat de Barbezieux. Il y avait probablement été appelé sur l'initiative de son fils Bernard qui, ainsi que nous le verrons plus loin, était juge sénéchal au siège du dit marquisat et procureur fondé de très haut et très puissant seigneur Michel Letellier, chevalier, chancelier de France, commandeur des Ordres du Roi, marquis du dit Barbezieux.

Jean Lamolère était encore à Barbezieux le 2 octobre 1685 ; à cette date il fit établir, en l'étude de Dannau, notaire en cette ville, une procuration par laquelle il constituait messire J. P. A. de Joncquières pour son mandataire à l'effet de le représenter au mariage de son fils Etienne, à Paris ; mariage auquel il ne pouvait assister en raison de son âge (2).

Jean Lamolère décéda à Lauzerte le 30 mai 1687, à l'âge de 72 ans ; il fut enseveli à l'église Saint-Barthélemy (3).

De son mariage avec Marguerite de Cazelles naquirent :

1° Françoise, baptisée le 12 octobre 1639 ; parrain, Pierre Lamolère procureur, grand-père de l'enfant ;

---

(1) Minutes de Dandrieu, notaire à Lauzerte.
(2) Papiers de la Perrine.
(3) Etat civil, n° 3.

marraine, Françoise de Julia, sa grand'mère maternelle (1). Elle fut marraine de Françoise Nogairède, sa
cousine germaine, le 10 octobre 1647 (1) et de son frère
Etienne, le 19 octobre 1653 (1). Elle épousa, vers la
fin de l'année 1655, Aymeric Donat, docteur et avocat.

2° Jeanne, baptisée le 30 novembre 1640 ; parrain,
Jean de Cazelles, docteur et avocat, grand-père maternel ; marraine, Jeanne de Rouges, grand'mère paternelle (1).

3° Jean, baptisé le 6 mars 1643 : parrain, Jean de
Cazelles, docteur et avocat, grand-père maternel ;
marraine, Jeanne de Lamolère, femme d'Etienne
Nogairède, procureur, sa tante (1).

Il succéda à son père dans la charge de lieutenant
particulier et assesseur criminel au sénéchal de Lauzerte.

Jean épousa, le 26 janvier 1672, demoiselle Marie
de Pradier, fille de Jean Pradier, de Lauzerte. Parmi
les témoins du mariage se trouvait Jean Dupeiron,
procureur au sénéchal, membre de la famille Dupeiron qui s'allia plus tard aux Lamolère (2).

Marie de Pradier mourut à Lauzerte le 4 mai 1683,
à l'âge de 40 ans (3).

L'année suivante, au mois de juin, Jean de Lamo-
lère épousa demoiselle Marguerite de Belcastel de
Montvaillant, appartenant à une famille noble du
Quercy, dont les armes étaient les suivantes :

(1) Etat civil, n° 3.
(2) Etat civil, n° 6.
(3) Etat civil, n° 7.

Armes des Belcastel.

D'azur à la tour d'argent, sommée de trois tourelles du même, le tout maçonné et ajouré de sable (1).

Ce mariage, accompli si peu de temps après le décès de Marie de Pradier, ne laissa pas que de créer des difficultés entre Jean et son père. Ces difficultés nous sont révélées par une lettre de Bernard de Lamolère à son frère Jean, qui porte la date du 14 juillet 1684 (2). « Vous avez peu aprendre, mon très cher frère, que je n'étais pas icy lorsque vos lettres du 14 du passé et celles de ma belle-sœur, vostre espouse, y ont été aportées (*sic*). J'étais alors à faire les reveües du mois passé et de cellùy-ci des trouppes du département d'Aunis, et en même temps j'allay à Fontenoy-le-Comte, en Poictou, pour les affaires particulières de monseigneur le marquis de Louvois. Ce voyage a esté assez long et je n'ay peu vous faire réponse plus tost ; et pour commencer je vous diray que les raisons que vous alléguez pour justifier votre conduite envers mon père ne sont pas sans de bonnes répliques, qu'il est inutile de redire, car les choses faites sont sans remède, et il n'est plus question que d'apaiser mon père qui a esté fort touché de votre procédé ; j'ai fait

(1) Rietstap, *Armorial général, Languedoc*, 1,155.
(2) Bernard était le frère puîné de Jean. (Voir ci-dessous.)

et fais tous les jours tout ce que je puis pour cela.
Notre cadet luy en a aussi escrit et je crois que le temps
et nos raisons et intercessions pourront achever cella.
Si vous vous mettez dans votre devoir envers luy, à
quoi je vous exorte de tout mon cœur, envoyez-moi une
lettre pour luy dans laquelle vous lui rendrez conte de
vôtre conduite et des conditions de votre mariage, dont
vous avez oublié de parler dans vos lettres, en sorte
que nous n'en sçavons rien. Je profiterai de cette occasion pour avancer votre justification et vous faire faire
response, à quoy je ferai ce que je pourrai. Au reste
je n'ai point connu que mon père ny ma sœur ayent
désapprouvé votre mariage à cause de la personne
qu'ils connaissent, ny pour ses desfaults personnels
ny pour la naissance qui est assez connue dans nostre
pays, mais seulement pour le desfault des formalités
que vous n'avez pas gardées ; et pour vous faire voir
que mon père n'a aucun mespris pour votre espouse,
il fait la réponse ci-incluse à la lettre qu'elle a pris la
peine de luy escrire ; je lui fais aussi réponse à votre
femme, je vous prie de lui rendre le tout (1). »

Le 21 mai 1698, Jean de Lamolère vendit son office
de lieutenant assesseur criminel à Jean Langlas,
bourgeois, et Jean Langlas, docteur et avocat, moyennant le prix de 5.500 livres qui lui fut payé le 12 novembre suivant (2). Il obtint d'ailleurs des lettres de
conseiller honoraire ou vétéran qui étaient accordées
après vingt ans d'exercice. Il est qualifié conseiller
lieutenant particulier et assesseur criminel honoraire
dans les lettres de provision dont il sera question plus
loin.

On se rappelle que, par acte du 10 novembre 1627,

(1) Papiers du Château de Feuillas.
(2) Minutes de G. Dandrieu, notaire à Lauzerte.

Pierre Lamolère avait reçu par donation pure et simple et à jamais irrévocable, pour lui et ses descendants, le droit de patronat de trois chapellenies, parmi lesquelles celle de Messire Gasbert de Laval, évêque de Narbonne. Cette chapellenie était fondée et desservie dans l'église de Saint-Pierre de Nazac, juridiction de Miramond, diocèse de Cahors. Messire Jean de Bach, prêtre, qui en était titulaire, étant venu à mourir, Jean Lamolère, héritier des dites chapellenies, conféra la succession de celle de Gasbert de Laval, par acte du 18 septembre 1711, à noble André de Cazelles, prêtre et curé de Saint-Médard au diocèse de Cahors, « comme étant de bonnes vie et mœurs et de la qualité requise par la fondation ». Messire André de Cazelles devait en faire ou faire faire le service et jouir des droits et revenus en dépendant.

Le même jour, André de Cazelles se présenta à Dandrieu, notaire royal à Lauzerte, et le requit de le vouloir mettre en la réelle, actuelle et corporelle possession de la dite chapellenie. « Nous aurions accepté la commission, dit l'acte rédigé par le notaire, et à l'instant nous serions entrés dans l'église paroissiale de Saint-Pierre de Nazac, et au pied de l'autel où après avoir fait les prières accoutumées et en tel cas requises, nous l'aurions pris par la main droite, et après avoir baisé l'autel l'aurions mis en la réelle, corporelle et actuelle possession de la dite chapellenie de Laval ; en présence de Messire Aymery Hugonis, prêtre et vicaire de la dite paroisse de Saint-Pierre de Nazac, etc. »

Le 18 septembre 1711, Messire André de Cazelles entrait aussi en possession de la Chapellenie de Saint-Mathurin, fondée et desservie dans l'église Saint-Barthélemy de Lauzerte (1), et qui appartenait aussi à Jean Lamolère.

(1) Minute de Dandrieu, notaire.

Dans les dernières années de sa vie, Jean Lamolère habita Bordeaux où il alla rejoindre son fils Bernard (1) qui était directeur de la Monnaie de cette ville.

Il y fit son testament le 21 juin 1713. Dans cet acte il rappelle qu'il s'est marié deux fois ; la première, avec demoiselle Pradier, dont il lui reste trois enfants vivants, Madeleine, Jeanne et Bernard, ce dernier directeur de la Monnaie de Bordeaux ; la seconde, avec demoiselle de Belcastel de laquelle il lui reste en vie, Madeleine et Anne. Madeleine du premier lit n'étant pas mariée, le testateur lui lègue la légitime telle que de droit. Jeanne qui est dans la communauté de filles de Cahors se contentera pour tous droits de la constitution qui lui a été faite par son contrat d'entrée en religion. Madeleine du second lit qui est mariée à Jean Dupeiron, de Lauzerte, devra également se contenter de la constitution qui a été faite à son profit dans le contrat de mariage de Bernard, son frère aîné, directeur de la Monnaie de Bordeaux, avec demoiselle Louise Leber de Saint-Paul. (Cette constitution était de 4.500 livres.) Le testateur signale aussi un fils du deuxième lit nommé Jean, qui depuis longtemps n'a pas donné de ses nouvelles : il lui lègue la légitime que de droit à lui ou à ses représentants, s'il y a lieu. De plus il ordonne que demoiselle de Belcastel, son épouse, jouira jusqu'à son décès de la métairie de Sibirol en entier et de la moitié de la maison située à Lauzerte. Enfin, il nomme pour son héritier général et universel le sieur Bernard de Lamolère, son fils, directeur de la Monnaie de Bordeaux (2).

Au cours de cette même année 1713, Jean Lamolère

(1) Nous retrouverons Bernard dans l'historique de la branche de Bordeaux sous le nom de Bernard Lamolère Sibirol.

(2) Minutes de Faugas, notaire à Bordeaux.

acquit une charge de secrétaire du roi, maison Couronne de France, audiencier de la chancellerie de la cour des Aydes de Bordeaux. Les lettres de provision sont datées de Versailles, le 22 octobre 1713. Il y est dit que Jean Lamolère, lieutenant particulier et assesseur criminel honoraire au sénéchal de Lauzerte, sera établi dans le dit office d'audiencier en remplacement de Jean Papus, dernier possesseur décédé, qu'il l'exercera et en jouira à titre de survivance et aux mêmes honneurs, privilège de noblesse que les conseillers secrétaires de la grande chancellerie de France. Le nouveau conseiller, vu son âge (il avait 70 ans), n'était pas tenu de faire résidence dans le lieu où la chancellerie était établie et il n'y avait pas incompatibilité entre la charge accordée et d'autres offices, pourvu que leurs fonctions ne dérogeassent pas à la noblesse (1).

Ces lettres de provision établissent nettement que la charge de conseiller-audiencier en la chancellerie de la cour des Aydes de Bordeaux conférait la noblesse au titulaire.

Jean Lamolère présenta ses provisions le 3o octobre 1713 et prêta serment devant Urbain de Lamoignon, chevalier, comte de Launay, conseiller du Roi en ses conseils, maître des requêtes en son hôtel, intendant de la généralité de Bordeaux. Il fit retirer les dites provisions le 20 janvier 1714 par son fils, Bernard Lamolère Sibirol. Mention de ce retrait est faite sur la copie des lettres de provision.

Jean Lamolère mourut à Lauzerte le 18 juillet 1715 (2). Sa veuve et ses enfants furent autorisés à jouir des honneurs, avantages et privilèges attachés à sa charge, ainsi qu'il résulte de la quittance ci-après :

(1) Archives départementales de la Gironde, Série C.
(2) Etat civil de Lauzerte, n° 9.

« J'ai reçu de Dame Marguerite de Belcastel, veuve de Jean de Lamolère, pourvu d'un office de conseiller-secrétaire du Roi, maison couronne de France, audiencier en la chancellerie près la cour des Aydes de Bordeaux, créé avant 1672 ; de Bernard Lamolère Sibirol, fils et héritier du dit deffunt Jean de Lamolère ; de Magdeleine, autre Magdeleine et Anne de Lamolère, filles du dit défunt, la somme de dix mille livres pour le supplément de la finance ordonnée être payée par le dit office pour jouir par les dits veuve et enfants, de tous les honneurs, avantages et privilèges acquis par le dit feu sieur de Lamolère, et pour disposer par le dit Bernard de Lamolère du dit office de secrétaire-audiencier au profit de qui il jugera à propos... et m'ont déclaré les dits veuve et enfants de Lamolère, que la dite somme de dix mille livres provient des deniers du dit Bernard Lamolère de Sibirol.

« Fait à Paris, le 20 octobre 1718. Signé Bertin (1). »

4° Bernard, né le 29 juin 1644, que nous retrouverons dans la notice relative à la branche de Bordeaux.

5° Madeleine baptisée le 8 octobre 1645. Parrain, Etienne Nogairède, procureur, oncle de l'enfant ; marraine, Jeanne de Rouges, sa grand'mère (2).

Madeleine de Lamolère fut marraine, le 16 mars 1675, de sa nièce Madeleine, fille de Jean, lieutenant particulier et assesseur criminel, et de Marie de Pradier (3), et le 18 mai 1687, d'autre nièce Madeleine, fille du même Jean et de Marguerite de Belcastel (4). Madeleine semble avoir vécu près de son père.

(1) Archives départementales de la Gironde.
(2) Etat civil, n° 3.
(3) Etat civil, n° 3.
(4) Etat civil, n° 7.

6° Ramonde, baptisée le 26 octobre 1648 ; parrain, M⁰ Jean Binet, notaire de Cazes ; marraine, Raymonde de Nogairède (1). Ramonde mourut le 11 janvier 1649.

7° Pierre, baptisé le 20 mars 1650 ; parrain, Pierre Lamolère, procureur, grand-père de l'enfant ; marraine, Marie de Lamolère, femme de Jean Binet, notaire (2).

8° Etienne qui suit.

Etienne Lamolère.

Etienne Lamolère, fils de Jean, lieutenant particulier assesseur criminel au sénéchal de Lauzerte, et de Marguerite de Cazelles, fut baptisé le 19 octobre 1653, en l'église de Saint-Barthélemy ; il eut pour parrain, Etienne Nogayrède, son oncle, et pour marraine, Françoise de Lamolère, sa sœur (3).

Etienne quitta Lauzerte de bonne heure et alla chercher fortune à Paris. Il s'y trouvait en 1680 ; le 10 mai de cette année, il était parrain de son neveu Etienne, fils de Jean et de Marie de Pradier, baptisé à Lauzerte ; il fut remplacé à la cérémonie par Jean Donnat, docteur et avocat (4).

En 1683, il acquit une charge de contrôleur provincial des guerres au département de Guyenne. Les lettres de provisions, datées de Versailles le 19 novembre 1683, sont formulées ainsi qu'il suit :

« Louis, par la grâce de Dieu, roi de France et de Navarre, à tous ceux qui ces présentes verront, salut,

(1) Etat civil, n° 3.
(2) Etat civil, n° 3.
(3) Etat civil, n° 3.
(4) Etat civil, n° 6.

scavoir faisons que pour la pleine et entière confiance
que nous avons en la personne de notre cher et bien-
amé Estienne de Lamolère, et en ses sens, suffisance,
capacité, prudhomie, expérience, probité, fidélité et
affection à notre service ; pour ces causes et autres
considérations à ce nous mouvant, nous lui avons
donné et octroyé, donnons et octroyons par ces présentes l'office de nostre conseiller contrôleur provincial ancien (1) des guerres au département de Guyenne,
que tenait et exerçait défunt Jean Guillaume, dernier
possesseur du dit office vacant à présent par son décès,
depuis lequel Antoine Bergues en ayant payé la
finance en nos revenus casuels, et ne voulant pas s'en
faire pourvoir, il en aurait fait sa démission au profit
du dit Lamolère.

« Pour le dit office avoir, tenir et dorénavant exercer,
en jouir et user par le dit Lamolère aux honneurs,
autorités, prérogatives, prééminences, privilèges,
franchises, libertés, exemptions, pouvoirs, fonctions,
gages, droits, taxations, attributions, avantages, fruits,
profits, revenus et émoluments au dit office appartenant et attribués, tels et semblables et tout ainsy qu'en
a joui ou deub jouir le dit défunt Guillaume et en jouis-
sent les pourvus de semblables offices tant qu'il nous
plaira.

« Ci donnons et mandons à nos amés et féaux
conseillers secrétaires et contrôleurs généraux de l'ordinaire et extraordinaire de nos guerres, ou l'un d'eux
sur ce requis, qu'après leur être aperçu de bonnes
vie, mœurs, âge requis par nos ordonnances (2), con-
versation, religion catholique, apostolique et romaine

(1) La qualification de contrôleur *ancien* signifiait d'ancienne
création : à chaque contrôleur ancien on juxtaposait, à mesure
des besoins du fisc, des contrôleurs biennaux, triennaux, alter-
natifs, etc., qui diminuaient d'autant les bénéfices de la charge.
(2) L'âge requis était 25 ans.

du dit Lamolère, et de lui pris et reçu le serment en tel cas requis et accoutumé, ils reçoivent, mettent et instituent de par nous en possession et jouissance du dit office, l'en faisant jouir et user ensemble des honneurs, autorités, prérogatives, etc.

« Mandons en outre à nos amés et féaux conseillers les trésoriers ordinaires et extraordinaires de nos guerres tant généraux que provinciaux, et à chacun d'eux, en l'année de son exercice, de payer, bailler et délivrer comptant au dit Lamolère les dits gages, droits et attributions du dit office, à commencer du jour de la réception du dit office, et rapportant copie des présentes duement collationnées, pour une fois seullement avec quittance du dit Lamolère sur ce suffisante.

« Car tel est notre bon plaisir.

« Donné à Versailles le xixe jour du mois de novembre 1683 et de notre règne le xlie et sur le repli est écrit : Joncquières et scellé du grand sceau de cire jaune sur double queue (1). »

Moins de deux ans plus tard, Etienne de Lamolère joignit à sa charge de contrôleur provincial des guerres, celle de maître particulier des eaux et forêts de la ville, prévôté et vicomté de Paris, qu'il acheta de M. Louis Gaulard le 6 août 1685. Cette charge dont le prix était de 41.000 livres fut payée pour partie au moyen d'une somme de 15.000 livres prêtée par M. Barthélemy Ségonzac, écuyer, conseiller secrétaire du Roi, maison couronne de France et de ses finances (2), partie au moyen d'une somme de 10.000 livres prêtée à Etienne par son frère, Bernard Lamolère, conseiller du Roi, commissaire ordinaire des guerres, et dame Marguerite Mouret sa femme demeurant à

(1) Archives nationales, n° 29.
(2) Papiers de la Perrine.

Barbezieux en Xaintonge, moyennant la constitution d'une rente annuelle de 500 livres. Le reste, soit 16.000 livres devait être prélevé sur les deniers particuliers d'Etienne (1).

On s'étonnera peut-être que celui-ci eût dès cette époque une aussi forte somme à sa disposition. Il faut croire qu'il avait déjà fait des économies ; car le 1er octobre 1684 il s'était fait constituer un titre de 700 livres de rente sur l'emprunt fait par le roi au prévôt des marchands et échevins de la ville de Paris ; en payement de cette rente de 700 livres, Etienne avait versé 12.600 livres au Trésor (1).

Le 2 octobre 1685, Etienne Lamolère épousa demoiselle Marie-Angélique Ségonzac, fille de Barthélemy Ségonzac, écuyer, conseiller-secrétaire du Roi, maison couronne de France et de ses finances, avocat au Parlement et ès conseils du Roi, et de Marie Demontz.

Le contrat de mariage fait connaître qu'Etienne habitait, à cette époque, à Paris, rue de Paradis, paroisse de Saint-Jean-en-Grève, et que la future demeurait avec ses parents, rue Montmartre, paroisse Saint-Eustache. Etienne était assisté de noble homme Jean-Pierre Arnault de Joncquières, écuyer, conseiller secrétaire du Roi, maison couronne de France, contrôleur général de la grande Chancellerie et premier secrétaire de Mgr le Chancelier ; lequel était muni d'une procuration datée de Barbezieux le 21 septembre 1685 de M. Jean Lamolère, trop âgé pour assister au mariage de son fils.

Etaient présent, au contrat, du côté du futur : Jean de Vignatz, écuyer, seigneur de Fonteslette, cousin

(1) Minutes de Caillet, détenues en l'étude de M. Blanchet, notaire à Paris.

maternel ; François Mouret, écuyer, conseiller-secrétaire du Roi, contrôleur général de la grande chancellerie de France, Antoine Crozat, écuyer, conseiller du Roi, receveur des tailles du diocèse d'Alby, amis ; et du côté de la future : Barthélemy Christophe Ségonzac et Simon Ségonzac, ses frères ; Charles Demontz, écuyer, avocat au parlement et ès conseils de Sa Majesté, oncle maternel, et dame Marie-Charlotte Le Dunois, son épouse ; demoiselle Marie-Charlotte Demontz ; François-Augustin de la Briffe, ami, et M. Jean Carrère, intendant de Mgr le duc de Roquelaune, ami commun.

La demoiselle Ségonzac apportait en dot 15.000 livres lesquelles, ainsi que nous l'avons vu plus haut, étaient dues au sieur de Ségonzac par le futur époux. Sur cette somme 5.000 livres seulement entraient dans la communauté, les 10.000 autres restant propres à la future épouse et aux siens de son côté et ligne.

La charge de maître particulier des Eaux et Forêts et celle de contrôleur provincial des guerres de la Guyenne ainsi qu'une somme de 5.000 livres appartenant au futur époux, lui demeuraient en propre à lui et aux siens de son côté et ligne ; ce propre restait chargé des 15.000 livres de dot de la demoiselle future épouse.

Etienne reconnaissait à sa future femme un douaire de 600 livres de rente, qui devait être porté à 800 livres au cas où, lors de son décès, il n'y aurait pas d'enfants nés ou à naître (1).

(1) Papiers de la Perrine.

Armes des Ségonzac.

D'argent à l'orme de sinople, à la levrette passante de gueules traversant le tronc ; au chef d'azur chargé de trois étoiles d'argent.
Ecartelé, d'azur au lion d'argent tenant de ses pattes de devant un
monde de même cerclé et croisé d'or (1).

Au commencement de l'année 1700, Etienne Lamolère hérita de son beau-père Barthélemy Ségonzac l'office de conseiller-secrétaire du Roi, maison couronne
de France et de ses finances, dont celui-ci était revêtu.
L'information faite sur la requête d'Etienne eut lieu le
6 février 1700.

Il est dit dans le procès-verbal de cette information
qu'Etienne de Lamolère, conseiller du Roi, maître
particulier des Eaux et Forêts de la ville, prévôté
et vicomté de Paris, ayant hérité, de l'agrément de
Mgr le Grand Chancelier, de l'office de conseiller-
secrétaire, etc., dont était ci-devant pourvu M. de
Ségonzac, son beau-père, il a eu l'honneur de présenter ses lettres de provision à mon dit seigneur le
Chancelier qui a eu la bonté de mettre son ordon-
dance de soit montré à la compagnie. Le suppliant
demande en conséquence qu'il soit procédé à l'information de ses vie et mœurs.

Messieurs du Tillet et Gourdon, escuyers, conseillers secrétaires du Roy, maison couronne de France

(1) *Armorial général* de Rietstap : Paris, rég. 11, p. 334 et 669.

et de ses finances, furent commis aux fins de l'enquête sollicitée. Les témoins entendus furent : 1° Messire Jean-Baptiste Le Piez, prestre docteur en théologie, habitué en la paroisse de Saint-Eustache : il déclara qu'il connaissait le sieur Lamolère depuis plus de dix ans pour l'avoir vu fort assidu aux offices de la paroisse, fréquentant souvent les sacrements avec piété, etc. ; 2° Messire Jean Faure, consciller du Roy en sa cour du Parlement : il déclara qu'il connaissait depuis plusieurs années le sieur Lamolère pour être un parfait honnète homme ; il l'avait vu dans les différents emplois qu'il a exercés s'en acquitter avec honneur, et notamment dans la charge de maître particulier des Eaux et Forêts de Paris qu'il remplit très dignement ; 3° Messire Nicolas Pinon, chevalier seigneur de Villemain, conseiller du Roy en ses conseils, président au bureau des finances et chambre du domaine ; il déclara que, depuis plusieurs années qu'il connaît le sieur Lamolère, il a toujours remarqué dans toutes ses actions beaucoup de vertu et de religion et dans sa conduite l'équité et la droiture d'un parfait honnête homme ; qu'il s'est acquis beaucoup d'estime et de considération dans les emplois qui lui ont été confiés ; il estime qu'il est très capable d'exercer la charge de secrétaire du Roy dont il a plu à Sa Majesté le pourvoir, et qu'il en remplira très dignement les fonctions.

Trois témoins suffisaient d'habitude pour l'information ; un quatrième vint ajouter son affirmation à celle des précédents : ce fut Jean-Pierre Arnauld Joncquières, escuyer, conseiller-secrétaire du Roy, maison couronne de France et de ses finances, contrôleur général de la Grande Chancellerie, âgé de 61 ans. On se rappelle qu'il avait été chargé de la procuration de Jean Lamolère pour la célébration du mariage d'Etienne. Messire Joncquières déclara connaître le dit sieur de La Molère, depuis plus de vingt ans pour avoir travaillé avec lui pendant qu'il était lui-même premier secrétaire de défunt Monseigneur le Chancelier Letellier ; qu'il l'a toujours connu de bonnes vie et mœurs et fort attaché au service du Roy et ainsi le croit très capable d'exercer la charge de secrétaire du Roi ; il sait d'ailleurs qu'il est de très bonne famille de la province de Guyenne ; son père, son grand-père et le sieur Jean Lamolère, son frère, ayant été successivement lieutenants particuliers, assesseurs criminels en la sénéchaussée de Lauzerte, en Quercy, dans lesquelles charges ils ont tous donné des preuves de leur zèle et de leur fidélité au service du Roy.

A la suite de cette enquête, Etienne Lamolère fut admis dans sa nouvelle charge (1).

Il paraît s'être défait de son office de maître particulier des Eaux et Forêts de Paris, lorsqu'il fut revêtu de celle de conseiller-secrétaire du Roi ; car en 1707, dans l'acte de baptême de Simon de Ségonzac, son neveu, il ne porte plus que cette dernière qualification.

Etienne de Lamolère et son frère aîné Bernard, qui étaient très unis, avaient eu ensemble de nombreuses relations d'affaires. Etienne, qui semble avoir toujours habité Paris, s'était chargé des intérêts de son frère, pendant que celui-ci résidait successivement comme fonctionnaire à Calais, à Libourne, à Nantes et à Bordeaux ; nous verrons plus loin qu'Etienne se porta caution pour Bernard lorsque celui-ci fut nommé directeur du bureau des traites à Calais. D'autre part, Bernard avait plus d'une fois prêté de l'argent à

____

(1) Archives nationales, V² 37.

Etienne. Le compte de règlement de leurs affaires fut arrêté en double, sous seings privés, le 14 novembre 1712, devant Messires Dieudonné et Valet, notaires à Paris. Etienne restait devoir à Bernard une somme de 79.662 livres. Pour s'en acquitter, il reconnut à son frère, à cette même date du 14 novembre 1712 : 1° une obligation de 12.500 livres qu'il promit et s'obligea de payer à Bernard en sa demeure à Paris ou au porteur à sa volonté, sans indication de terme ; 2° une obligation de 37.000 livres dans les mêmes conditions ; 3° une troisième obligation de 15.162 livres, aussi dans les mêmes conditions ; 4° pour les 15.000 livres restantes il lui constitua solidairement avec dame Angélique Ségonzac, son épouse, une rente annuelle de 750 fr., payable aux quatre quartiers ordinaires et hypothéquée sur leurs biens (1).

Il faut croire qu'Etienne ne s'empressa pas de s'acquitter vis-à-vis de son frère ; car celui-ci le fit condamner par défaut, le 7 mars 1713, à lui payer la susdite somme de 37.000 livres (2).

Il résulte de ce qui précède qu'Etienne Lamolère était dans une situation financière assez gênée ; cette supposition est d'ailleurs confirmée par l'obligation où se trouva plus tard sa veuve de renoncer à la communauté qui lui était « plus onéreuse que profitable » et de s'en tenir aux stipulations du contrat de mariage.

Ces difficultés pécuniaires n'empêchèrent pas Etienne de Lamolère d'acheter la maison qu'il habitait rue des Prouvaires, paroisse Saint-Eustache, à dame Marie-Elisabeth Akakia, veuve de René Roland Le Vayer, chevalier, seigneur de Bouligny, conseiller du Roi en sa cour du Parlement. La vente fut faite le

(1) Minutes de Vallet, conservées en l'étude de Maître Jousselin, notaire à Paris.
(2) Papiers de la Perrine et Archives nationales.

16 juillet 1714, à la charge et moyennant la somme de
40.000 livres que le dit sieur de Lamolère, en son nom
et celui de la dame son épouse, s'obligeait à payer par
à compte de 10.000 livres (1).

Etienne de Lamolère mourut le 12 avril 1729, à
76 ans ; il était toujours domicilié à Paris, rue des Prouvaires et fut enterré en l'église Saint-Eustache en présence de M. Louis-Simon Renouf, contrôleur général
des monnaies de France, son gendre, et de M. Guillaume-Ange de Ségonzac, prêtre, abbé de N.-D. de
Mégemont, son neveu (2).

Etant encore maître particulier des Eaux et Forêts
de Paris, il avait fait inscrire ses armes dans l'armorial
général de d'Hozier (3).

De son union avec Marie-Angélique de Ségonzac il
laissa au moins deux enfants :

1° Marie-Angélique-Madeleine qui fut marraine, le
25 avril 1707, de Simon de Ségonzac, son cousin, fils
de Barthélemy-Christophe de Ségonzac, écuyer, conseiller du Roi, commissaire général en la cour des
monnaies, et de Marie-Madeleine Fagand, demeurant
rue Coq-Héron. Marie-Angélique-Madeleine épousa
Louis-Simon Renouf, conseiller du Roi en la cour des
monnaies et contrôleur général des monnaies de
France (4).

2° Etienne-Bernard, qui suit.

(1) Minutes de Caillet, conservées en l'étude de M. Blanchet,
notaire à Paris.
(2) Papiers de la Perrine.
(3) *Armorial Général ; Généralité de Paris,* tome I, page 242
(4) Papiers de la Perrine.

Etienne-Bernard de Lamolère.

Etienne-Bernard fut baptisé le 29 octobre 1692 dans l'église Saint-Eustache à Paris. Son parrain fut Bernard de Lamolère, son oncle, alors avocat au Parlement, représenté par Messire Jacques-Antoine de Ségonzac, prieur d'Unverre ; sa marraine, dame Marie-Charlotte Demontz, sa tante maternelle, épouse de Jacques Dubuisson, conseiller et commissaire de Sa Majesté en la cour des monnaies (1).

Nous ne savons rien de la vie d'Etienne-Bernard jusqu'au 1er janvier 1724, date à laquelle il contracta mariage à Esquiernes, dans les Pays-Bas, par-devant Barret, tabellion de Sa Majesté Impériale et Catholique, l'empereur Charles VII.

La future était demoiselle Marie-Marguerite Renard, fille mineure de Jean Renard, conséiller du Roi, contrôleur contre-garde de la monnaie de Lille et de feue Marie-Norbertine Robard (1).

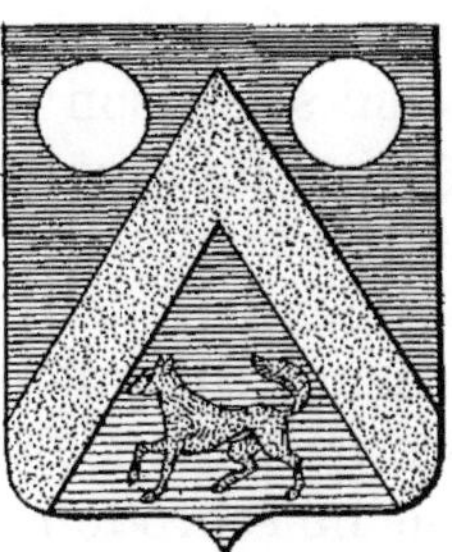

Armes des Renard.

D'azur à un chevron d'or, accompagné en chef de deux besants d'argent, et, en pointe, d'un renard passant d'or (2).

Au contrat de mariage d'Etienne-Bernard de Lamolère et de Marie-Marguerite Renard, les parents du

(1) Papiers de la Perrine.
(2) *Armorial général de France. Reg. de Flandres*, p. 1120.

futur époux lui constituaient en dot une somme de
5o.ooo francs payable au décès du dernier survivant
et la propriété de la charge dont le père était pourvu.
En attendant, Etienne-Bernard devait recevoir de ses
parents 2.ooo francs de rente, être logé et nourri dans
la maison paternelle à Paris, lui, sa femme et ses
enfants à venir. Mlle Renard apportait une dot de
45.ooo francs dont 3o.ooo venant de son père et devant
être employés en achats de biens-fonds et 15.ooo
donnés par Mme Robard, son aïeule. En outre le sieur
Renard remettait à sa fille un contrat constituant,
en l'hôtel de ville de Paris, une rente viagère de
5oo livres acquise sous le nom de la dite demoiselle (1).

Etienne-Bernard ne profita pas de la disposition de
son contrat qui lui assurait la réversibilité de la charge
de conseiller-secrétaire du Roi, maison couronne de
France et de ses finances ; son père étant mort, comme
nous l'avons vu, en laissant des affaires embarrassées,
il est vraisemblable que la charge fut vendue pour
acquitter des dettes. D'ailleurs Etienne de Lamolère
vécut encore cinq ans après le mariage de son fils, et
celui-ci, dès l'année qui suivit son union avec Marie-
Marguerite Renard, se rendit acquéreur de l'office de
conseiller directeur particulier et trésorier de la
monnaie de la Rochelle.

Ses lettres de provision sont datées de Fontainebleau le 16 septembre 1725. Dans l'analyse que nous
allons en donner nous ne reproduirons pas les énon-
ciations qui sont de style dans les pièces de cette
nature et qui figurent déjà dans les lettres du même
genre octroyées à Etienne Lamolère pour l'office de
contrôleur provincial des guerres (2).

(1) Papiers de la Perrine.
(2) Voir ci-dessus.

« Louis par la grâce de Dieu..... scavoir faisons :
que pour la pleine et entière confiance que nous avons
en la personne de notre cher et amé Estienne-Bernard
de Lamolère, escuyer, et de ses sens, suffisance,
capacité et expérience au fait de nos monnayes, fidélité et affection à notre service..... nous lui avons donné
et octroyé, donnons et octroyons l'office de notre
conseiller directeur particulier et trésorier de notre
monnoye de la Rochelle, que tenait et exerçait défunt
Jean Donat (1), dernier possesseur, depuis le décès
duquel Anne Donat, sa fille majeure, et Paule Bérau-
din, sa veuve, mère et tutrice de l'enfant mineur, nous
ont nommé, par leur procureur spécial à cet effet, le
dit sieur Lamolère, par acte du 9 août dernier y
attaché, avec autres pièces sous le contrôle de notre
Chancellerie ; pour le dit office avoir, tenir, et dorénavant exercer, en jouir et user par le dit Lamolère aux
honneurs,... exemptions, pouvoir de régir la dite
monnaie, y faire le change,... fonctions, attributions,
gages de 1.200 fr. pour trois quartiers et de 1.600 fr.
pour chacun an, droit de logement convenable dans
l'hôtel de notre dite monnaye et autres droits, fruits,
profits appartenant et attribués aux officiers de nos
monnayes et en particulier au dit Donat encore qu'il
n'ait vécu les quarante jours (2) portés par nos ordonnances, de la règle desquelles, attendu le prêt et
le droit annuel pour ce payé, nous avons relevé et
relevons le dit sieur Lamolère, pourvu qu'il ait atteint
l'âge de vingt-cinq ans... à la charge que le dit office

(1) Nous avons rencontré le nom de Donat parmi les relations
de famille et d'amitié des Lamolère à Lauzerte.

(2) D'après les anciennes ordonnances pour que la transmission
d'un office fût valable, il fallait que le résignant eût survécu
40 jours depuis les lettres de provision qui investissaient son successeur. La dispense de cette règle était d'ailleurs une clause
de style dans toutes les lettres de provision.

demeurera affecté et hypothéqué au debet des comptes de l'ancien titulaire Donat, si aucuns y a. Donnons et mandons à nos féaux conseillers, etc... »

Les lettres de provision obtenues, Etienne-Bernard adressa une requête à la cour des monnaies à l'effet d'être mis en possession de son office; mais, dès le début de l'information, il se produisit une difficulté provenant de la parenté du requérant avec Barthélemy Christophe Ségonzac, procureur général de la cour des monnaies, son oncle maternel et Louis-Simon Renouf, conseiller contrôleur des boîtes en la dite cour, son beau-frère. Une ordonnance de l'année 1554 avait décidé que les maîtres des monnaies, qui étaient alors des fermiers et entrepreneurs auxquels avaient succédé les directeurs actuels, ne pourraient être parents des présidents, généraux et autres officiers de la cour des monnaies. Etienne-Bernard adressa une supplique au Roi pour demander des lettres de dispense, lesquelles furent accordées et adressées à la cour des monnaies. « Voulant favorablement traiter l'exposant, nous mandons et ordonnons par ces présentes que vous ayez à procéder à sa réception au dit office de Conseiller Directeur particulier et trésorier de la monnaie de la Rochelle, sans vous arrêter à ce que le sieur Ségonzac est son oncle maternel, et le sieur Renouf, son beau-frère, desquels degrés de parenté nous l'avons, de notre grâce spéciale, pleine puissance et autorité royales, relevé et dispensé, relevons et dispensons par ces présentes, dérogeant en sa faveur à la dite déclaration de l'année 1554, et sans tirer à conséquence. »

Les lettres de dispense ayant été revêtues de l'autorisation du président de la cour et enregistrées au greffe, Etienne-Bernard adressa une supplique à « Nosseigneurs de la cour des monnayes » à l'effet d'ètre reçu au dit état et office qui lui avait été concédé. Sur l'ordre du président, le Procureur général de la cour procéda à l'enquête réglementaire. Les témoins entendus furent : 1° Messire Jean Chancel, prêtre, maître ès arts en l'Université de Paris, en la paroisse de Saint-Eustache ; 2° Jean Voigny, écuyer, conseiller-secrétaire du Roi, maison couronne de France et de ses finances, demeurant rue des Poulies, paroisse Saint-Germain l'Auxerrois ; 3° François-Etienne Mouret, chevalier, seigneur de Pont, Grand-Camp et de la Rivière, grand-maître des Eaux et Forêts de France, demeurant rue Barbette, paroisse Saint-Germain, âgé de 38 ans ; tous trois déclarèrent que le requérant était de bonnes vie et mœurs, homme d'une conduite sans reproches et bon serviteur du Roi. Le procès-verbal d'information est revêtu de la formule « Je n'empêche » et signé Rahault, président de la Cour.

Enfin vient la déclaration de la Cour, en date du 18 décembre 1725, laquelle, vu le résultat de l'enquête et les lettres de dispense, ordonne que le dit Etienne-Bernard de Lamolère sera reçu au dit office de conseiller, directeur particulier et trésorier de la monnaie de la Rochelle « en prestant le serment en tel cas requis et accoutumé. (1) »

Etienne-Bernard résida dès lors à la Rochelle, où il eut plusieurs enfants dont le dernier naquit en 1736.

Il mourut âgé d'environ 45 ans, en 1737. Ses obsèques furent célébrées à Paris, en l'église Saint-Philippe du Roule, le 2 juin, en présence de Louis-Simon Renouf, son beau-frère, et de François Renard, sieur de Rouffiac, receveur général des finances, son cousin germain (2).

(1) Archives nationales, V¹ 263 et Z¹ ᴮ 579.
(2) Papiers de la Perrine.

Il laissa de son union avec demoiselle Renard plusieurs enfants parmi lesquels nous citerons :

1° Etienne qui suit.

2° Marie-Anne-Angélique, née à Paris en 1726, décédée à Pruneville, commune de Marboué, le 27 messidor an IX (16 juillet 1801).

3° Anne-Louise-Marguerite, baptisée le 21 juin 1727, en l'église Saint-Jean de la Rochelle ; elle eut pour parrain Louis-Joseph Renard, conseiller du Roi, trésorier de France au bureau des finances de Lille en Flandre, et pour marraine dame Anne-Marguerite Mouret, épouse du sieur Bernard de Lamolère, escuyer, conseiller-secrétaire du Roi, maison couronne de France et de ses finances (1). Elle épousa, le 1er décembre 1775, en la paroisse Sainte-Catherine de Lille, messire Léon de Brivazac, escuyer, chevalier de Saint-Louis, ancien capitaine d'infanterie, son cousin, qui habitait Bordeaux (2). Leur fille Marie-Josèphe épousa Jean, comte de Saint-Angel, chevalier, écuyer de main de la Reine Marie-Antoinette (3).

4° Jeanne-Marie-Marthe, baptisée le 8 novemb. 1728, à la Rochelle ; elle eut pour parrain Jean-Nicolas Renard, avocat au Parlement, et pour marraine dame Marthe Fagand, épouse de Barthélemy-Christophe Ségonzac, procureur général à la cour des monnaies.

5° Joseph-Bernard, dont nous n'avons pu retrouver l'extrait baptismal ; nous rencontrerons son nom ci-dessous, dans le contrat de mariage de son frère Etienne (4) avec les qualifications d'écuyer, seigneur de la Barre.

Joseph-Bernard épousa, le 20 février 1759, demoi-

(1) Etat civil de la Rochelle.
(2) Etat civil de Lille.
(3) Archives municipales de Bordeaux.
(4) Voir ci-dessous.

selle Marie-Catherine Renard, fille de messire Louis-Joseph Renard, écuyer, seigneur des Coudreaux, son oncle maternel, et de dame Marie-Agnès Boivin d'Hardancourt. La bénédiction nuptiale leur fut donnée dans l'église d'Unverre.

Quelques années plus tard, en 1765, Joseph-Bernard résidait dans la commune de Luigny-au-Perche. Il y possédait la métairie des Rogers et les deux petits bordages du bois Huret et de la Fronterie, le tout rapportant, d'après les baux, un revenu de 640 livres (1).

En 1782, Joseph-Bernard loue par bail à vie, de Pierre-Guillaume de Carnazet une maison, avec ses dépendances, située à Saint-Lubin des Cinq-fonts, moyennant un prix annuel de 150 livres (2).

A partir de cette époque nous le perdons de vue, jusqu'aux dernières années de sa vie, où, étant devenu veuf, il se retira à Chartres et se mit en pension chez Mlle de Crèvecœur. Il n'eut, dit-il, dans son testament, qu'à se louer des procédés de Mlle de Crèvecœur, pour laquelle il manifeste une reconnaissance sans bornes. Il mourut au mois de février 1808.

De son union avec Catherine Renard naquirent :

a) Marie-Aglaé, née au Gastelier, chez sa tante, Mme d'Eschallard, et baptisée en l'église d'Unverre le 2 février 1761. Le parrain fut messire Alexandre-Jean-Robert de la Goguerie, écuyer, mousquetaire du Roi, seigneur de Saint-Lubin des Cinq-fonts ; la marraine, Mme d'Eschallard (3), tante de l'enfant. Marie-Aglaé passa une partie de sa vie chez sa tante, Mme d'Eschallard du Gastelier, à Nogent-le-Rotrou. Dans son testament elle laisse la moitié de ses biens à son père,

(1) Minutes de Charles Danjou, notaire de la baronnie de Brou.
(2) Minutes de Soissons, notaire à Chartres.
(3) Etat civil d'Unverre.

Joseph-Bernard de Lamolère et l'institue son exécuteur testamentaire ; elle mourut le 2 floréal an IX (21 avril 1801).

b) Ange-François, baptisé le 1ᵉʳ juillet 1765 en l'église de Luigny, canton d'Authon-du-Perche. Il eut pour parrain messire Guillaume-Ange de Ségonzac, prêtre, chanoine et chancelier de l'église N.-D. de Chartres et abbé commendataire de l'abbaye royale de N.-D. de Mégemont, cousin issu de germain de son père, et pour marraine, dame Marie-Félicité de Mailly, épouse de Messire Etienne de Lamolère, écuyer, commissaire des guerres, chevalier de l'ordre militaire de Saint-Louis, seigneur de Pruneville, la Perrine et autres lieux, sa tante paternelle (1). Le rôle joué par Ange-François de Lamolère est assez effacé ; son histoire se borne à celle des successions qu'il recueillit : celle de sa sœur qui lui laissa en 1801 la moitié de ses biens (2) ; celle de sa tante, Mme Agnès-Norbertine Renard, veuve de Jean-Louis Eschallard du Gastelier ; enfin celle de son père en 1808 qui, tous legs et dettes payés, se solda par la modique somme de 1.938 francs qui fut remise séance tenante à l'héritier (3).

Ange-François de Lamolère est encore signalé comme étant à Tours en 1809 ; après quoi nous le perdons complètement de vue.

6° Catherine-Suzanne, baptisée le 8 juillet 1734, à la Rochelle, eut pour parrain M. Gabriel-Suzanne Donat, écuyer, et pour marraine dame Catherine Michelle, épouse du sieur Mathieu Renard, conseiller du Roi, directeur et trésorier particulier de la monnaie

---

(1) Etat civil de Luigny-au-Perche.
(2) Minutes de Malgrange, notaire à Nogent-le-Rotrou.
(3) Minutes de Soissons, notaire à Chartres.

de Paris, représentée par Anne-Marguerite-Louise de Lamolère, sœur de l'enfant (1).

7° Louis, baptisé le 21 octobre 1736, à la Rochelle ; parrain : M. Louis-Robert Renouf, conseiller du Roi en sa cour des monnaies de Paris, représenté par Louis-Simon Renouf, son fils ; marraine : demoiselle Marie-Jeanne-Marthe de Lamolère, sœur de l'enfant, laquelle a déclaré ne savoir signer (2).

Etienne de Lamolère.

Etienne de Lamolère, fils d'Etienne-Bernard, écuyer, directeur de la monnaie de la Rochelle, et de dame Marie-Marguerite Renard, naquit à Paris en 1725.

Le 18 août 1747, il obtint une commission de capitaine dans le régiment de Mailly-Infanterie alors commandé par le colonel marquis de Mailly.

Il servait dans ce régiment depuis 1744 et y avait successivement rempli les fonctions d'enseigne et de lieutenant. Le texte de sa commission de capitaine est le suivant :

« Louis, par la grâce de Dieu roi de France et de Navarre, à notre cher et bien-aimé le capitaine de Lamolère salut : la compagnie dont était pourvu le capitaine de Louvencourt dans le régiment d'Infanterie de Mailly étant apparue vacante par son abandonnement, et désirant la remplir d'une personne qui s'en puisse bien acquitter, nous avons estimé que nous ne pouvions faire pour cette fin un meilleur choix que de vous pour les services que vous nous avez rendus

(1) Etat civil de la Rochelle.
(2) Etat civil de la Rochelle.

dans toutes les occasions qui s'en sont présentées, où vous avez donné des preuves de votre valeur, courage, expérience en la guerre, vigilance, bonne conduite et de votre fidélité et affection à notre service. A ces causes et autres nous mouvant nous vous avons commis, ordonné et établi, commettons, ordonnons et établissons, par ces présentes, signées de notre main, capitaine de la dite compagnie vacante, laquelle vous commanderez, conduirez et exploiterez sous notre autorité et sous celle du sieur marquis de Mailly, colonel du régiment.

Signé : Louis.

Par le Roi : Le Voyer d'Argenson (1).

Pendant la durée de son service au régiment de Mailly, Etienne fit les campagnes de 1744, 45, 46, 47 et 48 en Flandre, sous les ordres de Maurice de Saxe contre les Impériaux, et celle de 1757 où la France devenue l'alliée de l'Autriche eut à combattre la Prusse et l'Angleterre. Au cours de cette dernière il fut grièvement blessé à la bataille d'Hastenbeck (Hanovre) où le maréchal d'Estrées battit les Anglais commandés par le duc de Cumberland (2).

Attiré vraisemblablement dans le Dunois par son oncle Louis-Joseph Renard, seigneur des Coudreaux, Etienne de Lamolère acquit, vers 1750, après la mort de ses parents, de Pierre-Antoine de Jaucourt, la seigneurie de Pruneville, située dans la paroisse de Marboué, non loin des Coudreaux. D'après l'évaluation indiquée dans le contrat de mariage d'Etienne de Lamolère (3), ce domaine était estimé 35.000 livres. Etienne y construisit un petit château dans le style

(1) Papiers de la Perrine.

(2) Archives du Ministère de la Guerre et *Gazette de France*, 13 août 1757.

(3) Voir ci-dessous.

Louis XV, sur l'emplacement de l'ancien manoir (1).

Etienne de Lamolère épousa, le 6 mai 1751, demoiselle Marie-Félicité de Mailly, fille de Messire Marie-Philippe de Mailly de Mesmillon, écuyer, seigneur de la Perrine et autres lieux, et de dame Marie Delorme.

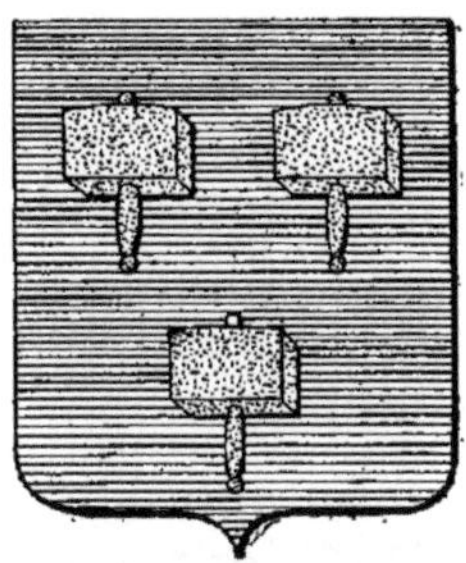

Armes des Mailly.

D'azur à trois maillets d'or, deux et un (2).

Au contrat qui fut rédigé le 5 mai 1751, par Tiercelin, notaire à Châteaudun, furent présents, pour le futur époux : Bernard-Joseph de Lamolère, écuyer, seigneur de la Barre, son frère ; messire Louis-Joseph Renard, seigneur des Coudreaux, Marboué et autres lieux, son oncle maternel ; messire Guillaume-Ange de Ségonzac, prêtre, licencié en théologie de la Faculté de Paris, abbé commendataire de Notre-Dame de Mégemont, chanoine et chancelier de l'église de Chartres, son cousin issu de germain paternel ; dame Norbertine-Agnès Renard, épouse de messire Jean-Louis Eschallard, seigneur du Gastelier, sa cousine germaine maternelle, et messire Jacques-François de Loube, chevalier, baron du Sausse, son ami ; et du côté de la future : son père et sa mère, les demoiselles

(1) Abbé Bordas et note de M. Félix de Lamolère.
(2) *Armorial général. Paris*, t. 23 et t. 24.

CHATEAU DE LA PERRINE (1751)

Marie-Marguerite, Henriette, Rosalie et Julienne-Victoire de Mailly, ses sœurs ; messire Jean-Denis de Mailly, prêtre chanoine de la Sainte-Chapelle du Dunois, son oncle paternel ; Messire Ernest-Ferdinand de Mailly, chevalier, seigneur de Dancy, autre oncle paternel, et dame Catherine-Anne Lecointe, sa femme.

Le régime établi était celui de la communauté, suivant la coutume du Comté et bailliage de Dunois. Le futur époux apportait en dot ses droits provenant de la succession de ses père et mère et de son aïcule maternelle, ainsi que la terre de Pruneville ; la future, une somme de 3o.ooo livres que ses père et mère s'obligeaient à payer « à leur bon point et aisement, et jusqu'à ce, 1.2oo livres d'intérêt pour chacun an ».

Les futurs apportaient chacun 5.ooo livres dans la communauté, le surplus de leurs biens leur restant en propre. Le futur reconnaissait à la demoiselle future épouse un douaire de 1.5oo livres de rente viagère, laquelle sera réduite à 7oo livres en cas d'enfants vivants lors de l'ouverture du douaire (1).

Le mariage fut célébré le lendemain, jeudi 6 mai, à minuit et demi, dans l'église Saint-Pierre de Châteaudun. Assistaient à la cérémonie, outre les personnes qui avaient assisté au contrat, messire de Mailly d'Autheuil, MM. Tuault de Milleville, Rossard de Crépainville, Maury de la Chataigneraie, Rossard de Maigneville, de Chastenay ; Mmes Catherine de Villarmoy, Thorin de Milleville, etc., et Foucault, curé de Saint-Pierre (2).

A la suite de la blessure reçue à Hastenbeck, Etienne de Lamolère quitta le service actif ; on le

(1) Papiers de la Perrine.
(2) Papiers de la Perrine.

trouve, le 29 mai 1757, pourvu d'un office de commissaire des guerres acquis de M. Darbin de Courcennes (1). Mais il ne prit ses fonctions qu'à partir du 1er décembre 1757, à sa sortie de l'hôpital.

Il fit en qualité de commissaire des guerres les campagnes de 1758, 59, 60, 61 et 62, et ne rentra en France que le 1er avril 1763 avec la division de l'armée qui était restée à la garde des possessions de l'impératrice-reine Marie-Thérèse. A dater de cette époque, il fut employé dans la généralité d'Orléans (2).

Le 17 juillet 1759, Etienne de Lamolère reçut le brevet de chevalier de l'ordre royal et militaire de Saint-Louis. A son admission dans l'ordre, il eut pour parrain le sieur de Barral, commandant de bataillon d'infanterie (3).

Un acte du 16 octobre 1760 fait connaître qu'Etienne de Lamolère était à cette époque seigneur de la Perrine. Dans cet acte, Messire Philippe-Marie de Mailly, son beau-père, au nom de M. Etienne de Lamolère, seigneur de la Perrine, Pruneville et autres lieux, donne à bail pour toujours, à Jean Vidier, jardinier à Deury, une maison et un septier de terre, moyennant une rente perpétuelle de deux sols envers la dite seigneurie (4).

Le 15 novembre 1762, Messire Philippe de Mailly fait aveu, au nom de son gendre, au seigneur de Coudreaux pour partie du fief de Meignanville. L'acte d'aveu est ainsi conçu : « Fut présent, Messire Philippe de Mailly, de Mesmillon, chevalier, seigneur de la Perrine et autres lieux, demeurant à Châteaudun, paroisse de Saint-Pierre, faisant pour et au nom de

(1) Papiers de la Perrine.
(2) Archives du Ministère de la guerre.
(3) Papiers de la Perrine.
(4) Papiers de la Perrine.

messire Etienne de Lamolère, chevalier de l'ordre royal
et militaire de Saint-Louis, commissaire des guerres,
seigneur de Pruneville et autres lieux, résidant actuellement en la ville de Clèves, duquel il a dit être fondé
de pouvoir et par lequel il a promis de faire agréer et
approuver les présentes. Lequel étant en devoir de vas-
sal a fait et porté à Mgr David, seigneur des Coudreaux,
du Grès, de Meignanville et autres lieux, aussi présent,
ses foi, hommages, et tous autres serments de fidélité,
que le dit sieur de Lamolère est tenu de lui faire porter à cause de son dit fief de Meignanville, pour sept
septiers de terres labourables, appartenant au sieur
de Lamolère au moyen de l'acquisition qu'il a faite de
la seigneurie de Pruneville au sieur Pierre-Antoine de
Jaucourt, devant Dutartre, notaire à Paris, conformément aux avœux qui ont été passés de tous temps pour
cette pièce de sept septiers par MM. Pierre-Antoine
de Jaucourt, chevalier, marquis d'Espeuille, et dame
Marie Monginot, son épouse, et par Pierre de Monginot, seigneur de Vrainville, le 10 juillet 1672 (1). »

On voit que cet acte avait été dressé pendant les
derniers mois passés par Etienne à l'étranger ; après
son retour en France, il paraît avoir habité Pruneville
de préférence à la Perrine.

M. Philippe de Mailly fit cession, le 1er janvier 1767,
à MM. Etienne de Lamolère et David de Meaussé,
ses gendres, ainsi qu'à leurs épouses, d'une rente de
5.300 livres au denier vingt, qui avait été constituée à
son profit par feu François-Marie Prévost, écuyer, seigneur de Chantemesle, Logron et autres lieux, sous la
réserve qu'il lui sera payé par ses gendres et filles une
rente viagère de 3.454 livres. En outre partie du capital
sera employée, s'il y a lieu, au rachat et extinction

(1) Archives d'Eure-et-Loir, E. 112.

d'une rente de 800 livres constituée par lui au profit de son frère, Ernest-Gérard-Ferdinand de Mailly, le 2 juillet 1754 (1).

A cette époque de sa vie, Etienne de Lamolère résidait souvent à Châteaudun, probablement dans l'hôtel de son beau-père, qui avait élu domicile dans cette ville dès avant le mariage de sa fille. C'est de Châteaudun qu'est datée la lettre suivante, écrite le 10 mars 1773 ; elle permet d'apprécier le style et le genre d'esprit de son auteur (2).

« J'ai, Monsieur et cher oncle, reçu la lettre par laquelle vous m'annoncez que vous avez eu la bonté de payer M. Dethiroux et qu'il vous reste en mains quelque argent à moi et des papiers pour 200 livres. Je crois que le successeur de M. Leprestre est encore plus habile homme que luy. Car jamais Monsieur son oncle ne m'a payé moins de moitié comptant et vous avez bien raison de dire que c'est le diable pour avoir de l'argent. Que faire ? de la patience.

« On peut dire de M. Radix que c'est *radix diabolicus ;* comme de mauvaise paye il faut tirer au moins ce qu'on peut, pressez au moins, je vous prie, Monsieur Pichaut, car notre papa, qui est le père de la défiance et dont l'impatience vous est connue, me fait donner au diable et l'aubénite (*sic*) avec

(1) Papiers de la Perrine.

(2) Archives du département d'Eure-et-Loir. Cette pièce est due à la bienveillance de M. l'abbé d'Arsonville, curé de Marboué.
Cette lettre, signée Lamolère, ne porte malheureusement aucune suscription. Nous ne croyons pas faire erreur en l'attribuant à Etienne de Lamolère, car son fils, le seul qui eût pu l'écrire à défaut d'Etienne, n'avait que vingt ans à cette époque. Le destinataire serait soit Louis-Simon Renouf, contrôleur général des monnaies de France, qui avait épousé la sœur d'Etienne Renard, soit Louis-Joseph Renard, ancien propriétaire des Coudreaux qui les avait cédés dès 1762 à M. David. Le papa dont il est question dans la lettre serait Philippe de Mailly qui vivait encore à cette époque.

laquelle je peux le charmer est de l'argent.

« Comme vous êtes très connaisseur en procureur malin et actif, je joins ici une petite pièce qui m'a été remise par le curé de Marboué. Elle concerne un de vos amis, le sieur Brou de Dangeau ; il est question de le faire sangler en dernier ressort à votre parlement, comme il l'a été à Dangeau, Alluyes et Janville ; mais comme en le condamnant à Janville on s'est avisé de rejeter les frais sur la fabrique de Marboué, la fabrique à qui on a donné gain de cause pour le fond, ne veut point se voir condamner aux frais, ce qui ne paraît pas juste. Elle est décidée d'interjeter appel et je vous prie de vouloir bien faire faire par le zélé procureur que vous choisirez les formalités les plus promptes et les plus nécessaires pour faire signifier cet appel au sieur Brou et faire entamer le procès au parlement où on vous demande toute protection.

« M. le curé de Marboué ira sitôt après Pâques à Paris pour y porter toutes les pièces afin de pousser cet objet avec célérité.

« Mil respects à vos dames ; j'ai l'honneur d'être avec le plus respectueux attachement, monsieur et cher oncle, votre bien humble et bien obéissant. Lamolère (1). »

M. de Lamolère menait de front ses affaires particulières et les devoirs de son service militaire. Il avait été nommé commissaire principal des guerres au mois de mai 1778. Le 1er juin 1788, à l'âge de 63 ans, il fut mis en réforme par une injustice du conseil de guerre, dit-il, et au moment où l'on nommait ordonnateurs

---

(1) L'intervention de M. de Lamolère ne fut pas inutile à la fabrique de Marboué. Le procès de celle-ci avec le sieur Brou se termina par une transaction.

tous ses cadets de service (1). Mais, ajoute-t-il, j'ai enfin désabusé le ministre et le conseil de guerre et j'ai été remis en exercice, mais sans autre traitement que 2.600 livres de pension de retraite (2). Pour parvenir à compléter le supplément de la finance qu'il était tenu de fournir pour cette place qui venait de lui être rendue, il avait emprunté 50.000 livres au sieur de Gassey, commissaire des guerres réformé comme lui, mais qui s'était résigné et avait reçu le remboursement de sa charge, soit 70.000 francs.

D'autre part M. de Lamolère avait laissé au trésor les 70.000 francs qui auraient dû lui être remboursés ; sa charge lui coûtait donc 120.000 francs (3).

Quelques mois plus tard, le 11 septembre 1788, Etienne de Lamolère adressa au ministre une supplique à l'effet d'être nommé au grade de commissaire ordonnateur surnuméraire et d'être employé en cette qualité et sans traitement dans la généralité d'Orléans ; il serait ainsi maintenu en activité et conserverait la possibilité d'être nommé ordonnateur lorsqu'une vacance se produirait. En marge de la requête il est écrit : « Quand il y aura une place dans la généralité d'Orléans, il sera employé comme ordonnateur (4). »

Etienne était encore commissaire des guerres principal au commencement de 1792. Par ordre du

(1) Etienne de Lamolère avait probablement été victime d'une de ces mesures trop fréquentes à cette époque, qu'expliquaient les besoins du fisc : on supprimait un certain nombre de places en réformant ceux qui les occupaient et leur remboursant la finance de ces places, tout au moins en partie ; puis on rétablissait les places supprimées en en majorant le prix et on les cédait à d'autres acquéreurs.

(2) C'est d'ailleurs M. de Lamolère lui-même qui avait proposé de se contenter de la solde de retraite, si l'on consentait à lui rendre sa place.

(3) Archives du Ministère de la guerre.

(4) Archives du Ministère de la guerre.

ministre en date du 11 avril 1792, il inspectait en cette qualité les casernes de Châteaudun et de Bonneval (1).

Le 18 mai suivant, il apprend qu'il vient d'être créé deux places d'ordonnateur. Il supplie le ministre Servan de vouloir bien le nommer à celle de la Corèse (*sic*) qui est la 20ᵉ division.

Il demande en outre que sa résidence soit fixéc à Angoulême, où il sera à portée de M. d'Esparbès, le général-commandant de la dite division. Sa demande est visée par le général d'Esparbès qui fait valoir les avantages qu'il y aurait à faire résider le commissaire ordonnateur à Angoulême. Etienne de Lamolère fut nommé le 23 mai 1792 au poste sollicité (2).

Mais il était écrit qu'il ne jouirait pas de ce grade si longtemps ambitionné ; un mois après, le 25 juin 1792, il demandait un congé pour raison de santé. Ce congé lui fut refusé, pour le motif que le service de la 20ᵉ division était en souffrance depuis longtemps. Il se met alors en route, malgré l'avis de son médecin ; mais à dix lieues de Chartres, il se trouve dans l'impossibilité d'aller plus loin et forcé de revenir à Chartres. Il écrit au ministre, le 30 août 1792, qu'il espère pouvoir continuer prochainement sa route, à condition de voyager à petites journées. Le 17 septembre, seconde lettre dans laquelle il rend compte que de nouveaux accidents l'ont empêché de partir, et que le chirurgien-médecin juge qu'il est absolument hors d'état d'entreprendre une route de 140 lieues. Il se décide donc à demander sa retraite pour cause de santé. Cette retraite lui fut accordée, mais antidatée comme courant à partir du 1ᵉʳ juillet 1792. Il

____

(1) Papiers de la Perrine.
(2) Archives du Ministère de la guerre.

avait 58 ans de services y compris ses campagnes.

Sa pension fut liquidée à 5.000 livres dont les arrérages ne furent naturellement pas payés pendant la période révolutionnaire. Lorsque la détente se produisit, Etienne chercha à faire régler sa situation. Une lettre du 6 janvier 1796, adressée à son homme d'affaires à Paris, contient les instructions nécessaires pour terminer « l'objet de l'arriéré de sa pension et de ses appointements. Cet objet est assez considérable, ajoute M. de Lamolère, si, comme il y a lieu de le croire, il ne sera payé qu'en numéraire ou en assignats au cours du jour. » A cette lettre est jointe une déclaration constatant que depuis la suppression de sa charge, il n'a joui d'aucun traitement, pension, gratification, etc., autres que la pension de 5.000 francs qui lui a été accordée (1).

En 1794, Etienne de Lamolère fut interné et peut-être même emprisonné à Châteaudun, en même temps que son fils Etienne-Philippe (2).

Etienne de Lamolère mourut à Pruneville, le 8 germinal an IX (mai 1801). La déclaration de décès fut faite à la mairie de Marboué, par Etienne-Philippe de Lamolère et Etienne-Félix-Désiré, fils et petit-fils du défunt. L'acte est aussi signé par Fortuné et Auguste, ses deux autres petits-fils et par M. Dupeiron de Saint-Hilaire, beau-frère d'Etienne-Philippe (3).

Le 27 messidor de la même année mourut aussi à Pruneville Marie-Jeanne-Angélique, sœur d'Etienne, à l'âge de 75 ans (4).

Enfin, Marie-Félicité de Mailly, épouse d'Etienne de Lamolère, décéda également à Pruneville, le 8 bru-

(1) Papiers de la Perrine.
(2) Voir ci-dessous.
(3) Etat civil de Marboué.
(4) Etat civil de Marboué.

maire an XI (octobre 1803) ; comme son mari, elle avait 76 ans, à l'époque de son décès ; ils en avaient passé cinquante ensemble (1).

Etienne-Philippe de Lamolère.

Etienne-Philippe, fils unique du précédent et de Marie-Félicité de Mailly, naquit le 9 juillet 1753 à Pruneville. Il fut baptisé le lendemain par messire Delalande, curé de Marboué, chanoine de la Sainte-Chapelle de Châteaudun, et eut pour parrain son grand-père maternel, messire Philippe de Mailly et pour marraine dame Marie-Agnès Boivin d'Hardancourt, épouse de messire Renard, seigneur des Coudreaux, son grand-oncle paternel (2).

Etienne-Philippe de Lamolère fit ses études au collège de l'Oratoire à Vendôme, puis entra de bonne heure dans la maison du Roi, comme chevau-léger, surnuméraire de la garde ordinaire.

Il épousa, en 1776, demoiselle Marguerite-Adélaïde du Peiron, fille de feu Jean du Peiron, directeur de la monnaie de Paris, et de dame Charlotte-Marie-Jeanne Petit Delagny, domiciliés à Paris, rue Saint-André-des-Arts. Le mariage eut lieu à Paris, dans l'église Saint-Eustache (3).

(1) Etat civil de Marboué.
(2) Etat civil de Marboué.
(3) Papiers de la Perrine.

Armes des du Peiron.

De sinople, au héron au vol éployé, la patte senestre posée sur un coupeau, tenant de la dextre levée un caillou ; accompagné en chef de trois étoiles rangées en fasce. Le tout d'argent (1).

Le contrat fut passé le 25 septembre 1776 devant maître Arnaud et son collègue, notaires à Paris.

Assistaient au contrat : messire Etienne Lamolère, chevalier, seigneur de Pruneville et autres lieux, commissaire des guerres, chevalier de l'ordre royal et militaire de Saint-Louis, demeurant ordinairement à Châteaudun et présentement à Paris, rue Guénégaud, tant en son nom que comme fondé d'une procuration spéciale de dame Marie-Félicité de Mailly, de Mesmillon, son épouse, dame des terre et seigneurie de la Perrine, d'une part ; messire Jean Dupeiron, écuyer, seigneur de la Coste et autres lieux, et dame Charlotte-Marie-Jeanne Petit de Lagny, son épouse, qu'il autorise à cet effet, et avant veuve de messire Nicolas Denis Delaage, écuyer, demeurant ensemble à l'hôtel des monnaies à Paris ; et demoiselle Anne-Charlotte Neyret, majeure, dame des terre et seigneurie du Pin, demeurant au susdit hôtel des monnaies, d'autre part ;

Et en présence, de la part du futur époux, de messire Léon de Brivazac, chevalier, lieutenant du

(1) *Nouveau d'Hozier ;* cote 5950.

Roy du fort du Ha, à Bordeaux, et de dame Louise-Marguerite Lamolère, son épouse, tante paternelle ; de messire Louis Renouf, écuyer, conseiller du Roy en la cour des monnaies, cousin ; dame Françoise Guimont, veuve de messire Jacques Barret, écuyer, receveur général des fermes du Roy à Bordeaux, cousin, et messire Nicolas Loir, écuyer, ami ;

Et de la part de la future épouse : illustrissime et révérendissime seigneur Mgr Christophe de Beaumont du Repaire, archevêque de Paris, duc de Saint-Cloud, pair de France, commandeur des ordres du Roy, proviseur de la Sorbonne, allié ; messire Jean Dupeiron, frère, et dame Marie-Thérèse de Beaumont, son épouse ; haute et puissante dame Catherine Lecointre, épouse du haut et puissant seigneur Ernest-Ferdinand, comte de Mailly, tante maternelle ; demoiselles Angélique-Thérèse et Adélaïde-Jeanne de Mailly, cousines maternelles ; haute et puissante dame Elisabeth-Charlotte Bédé, veuve de haut et puissant seigneur Louis-Henri Charlet, président au Parlement de Paris, et demoiselle Louise-Elisabeth Charlet, amies ; haut et puissant seigneur Jean-Marc de Verlou de la Morlière, brigadier des armées du Roi, colonel du régiment d'Auxonne-Artillerie, ami ; M. Joseph Antoine Deschamps, trésorier général des monnaies de France, ami ;

'Les futurs époux seront communs en tous biens, suivant la coutume de Paris ; ils ne seront pas tenus des dettes l'un de l'autre antérieures au mariage.

M. et Mme Dupeiron donnent et constituent à leur fille en avancement d'hoirie, la somme de 60.000 livres qui seront payées en espèces, au cours du jour, la veille du mariage. Mlle Neyret fait donation entre vifs à sa petite-nièce de la somme de 10.000 livres qui sera également remise aux époux la veille de leur mariage ;

en outre la demoiselle future épouse se constitue en dot les biens qui lui reviendront par l'effet du legs universel à elle fait par M. Neyret de Grandville, son oncle maternel.

De son côté, M. de Lamolère père, au nom de Mlle son épouse, donne en dot au dit sieur futur époux, leur fils, les parts et portions nobles et roturières qui appartiennent à Mme de Lamolère dans la terre de la Perrine. Le futur époux ne pourra dans aucun temps vendre, aliéner ni disposer à quelque titre que ce soit, de tout ou de partie de la dite terre de la Perrine, sans la présence et le consentement de ses père et mère ou du survivant d'eux.

Il entrera dans la communauté 20.000 livres de chaque côté, le surplus des biens des dits futurs époux ainsi que tout ce qui pourrait leur échoir par succession, donation, legs, etc., demeurant propre à chacun d'eux et aux siens de son côté et ligne.

Le douaire de la future épouse était fixé à 20.000 livres de rente, le fonds de cette rente restant propre aux enfants issus du mariage. Le préciput du survivant devait être de 10.000 francs en meubles ou en deniers comptants, et comprendre en outre et par augmentation les habits, linges, bijoux, etc., propres à chacun d'eux jusqu'à concurrence de 5.000 livres.

L'emploi des deniers dotaux de la demoiselle future épouse devait être fait en présence de M. et Mme Dupeiron (1).

Pendant les années qui suivirent son mariage, Etienne-Philippe se consacra à l'administration de la terre de la Perrine.

Le 28 août 1777, il acquit conjointement avec sa

(1) Minutes de Mᵉ Arnaud, notaire à Paris, conservées en l'étude de Mᵉ Lefebvre.

femme, du sieur Laurent Souchay, les terre et métairie de Saint-Christophe, moyennant le prix de 35.000 fr. Ce domaine était depuis plus de cent ans dans la famille Souchay, il avait appartenu auparavant aux Greslain, famille de haute bourgeoisie qui le possédait dès 1514 (1).

Le 12 novembre 1783, Etienne-Philippe de Lamolère, chevalier, l'un des chevau-légers de la garde ordinaire du Roi, demeurant en son château de la Perrine, fait aveu de deux arpents de pré, qu'il possède à la Roussabelle, à très haut et très puissant seigneur M. Jules-Etienne-Honoré, marquis du Prunelé, baron châtelain de Molitard et Saint-Germain-le-Désiré, seigneur de Moléans, Gironville, Montanson, Chamblay, Trochepot, Vallières, Vivier, le Château-Grand, le Petit-Châtel et autres lieux.

Le même jour, il rend un autre aveu à M. Etienne-Jean-Antoine de Grouches, marquis de Gribeauval et seigneur de Valainville, pour quelques arpents de terre sis à Dheury et relevant de la dernière de ces seigneuries.

L'administration d'Etienne-Philippe ne s'étendait pas seulement à la Perrine et à ses dépendances. Par son mariage il avait acquis des droits sur les biens de la famille du Peiron, dont les principaux étaient le domaine de la Coste, situé dans la commune de Fauroux (aujourd'hui dans le département de Tarn-et-Garonne), et le château de Miramont. Ces biens semblent être restés indivis entre Mme de Lamolère, son frère M. Dupeiron de la Coste et Mme de Malleveau, leur sœur.

M. de Lamolère avait confié le soin de ses intérêts dans le Quercy à un certain M. Dufour, parent de sa

____

(1) Papiers de la Perrine.

femme. Les lettres à M. Dufour montrent combien
cette administration était compliquée et difficile ; elles
signalent entre autres faits l'incendie du château de
Miramont que M.deLamolère renonça à faire restaurer.

Malgré les difficultés que devait susciter la propriété
commune d'immeubles indivis, M. de Lamolère resta
dans les meilleurs termes avec son beau-frère et sa
belle-sœur ; le journal de Mme de Lamolère mentionne
les visites très fréquentes à la Perrine, malgré la difficulté des communications à cette époque, de M. de
la Coste, de Mme de Malleveau et de ses enfants.

Etienne-Philippe de Lamolère cessa d'habiter la
Perrine en 1790. Par acte du 28 septembre de cette
même année, passé devant Coupé, notaire à Bonneval, il concéda, par bail à vie, la jouissance du château
et de la terre de la Perrine à Mme Marie-Françoise-
Julie-Constance Filleul, veuve d'Abel-François-Fernand Ménard, épouse (divorcée depuis) de François
La Cropte de Bourzac, lieutenant-colonel de cavalerie.
Le bail fut fait moyennant 7.500 livres de ferme et
8.000 livres de pot-de-vin.

Il faut croire que Mme de Bourzac ne fut pas toujours
très exacte à payer son loyer, car au mois de nivôse
an IV (janvier 1795), M. de Lamolère fit saisir arrêter
entre les mains des fermiers les revenus qu'elle tirait
de la Perrine. Mainlevée de cette saisie fut d'ailleurs
donnée dans le courant du même mois.

Mme de Bourzac vivait encore en 1815 et continuait
à jouir de son bail. Son souvenir s'est conservé longtemps dans le pays où elle était désignée sous le nom
de la Dame de la Perrine. D'après son portrait, possédé par le propriétaire actuel de la Perrine, elle était
d'une grande beauté (1).

(1) Papiers de la Perrine.

La Perrine louée à Mme de Bourzac, Etienne-Philippe alla habiter Pruneville. Il faisait encore partie en 1790 de la maison militaire du Roi. Le 19 mars de cette même année, il vota avec les nobles du bailliage de Chartres pour l'élection des députés aux Etats généraux (1).

Un mémoire d'Etienne-Philippe adressé, le 25 avril 1814, au duc d'Artois, alors lieutenant général du royaume, fait connaître la part qu'il prit aux événements pendant les premières années de la révolution. Il émigra en 1791 à la suite des princes, se rendit à Coblentz et continua à servir aux chevau-légers. En 1792, il fut proposé par le comte de Damas, commandant les chevau-légers, pour la croix de Saint-Louis. Au mois de juillet de la même année, il fut nommé capitaine-propriétaire d'une compagnie dans le régimentimpérial russe commandé par le duc de Polignac ; ce grade lui donnait l'équivalence de celui de lieutenant-colonel.

En 1791 et 1792, M. de Calonne lui fit faire quatre voyages en France pour y remplir des missions secrètes. Au troisième, il vendit une terre pour se procurer 20.000 francs qui devaient servir au payement de sa compagnie dans le régiment de Polignac ; M. de Calonne à qui il les remit en disposa pour le service des princes.

Etienne-Philippe reçut l'ordre relatif à son quatrième voyage, le 4 octobre 1792 ; il devait se rendre à Paris, en rapporter 40.000 francs offerts aux princes par le maréchal de Mailly, et tâcher d'obtenir des renseignements sur ce qui se passait au Temple.

La nouvelle des massacres de septembre venait de

(1) Archives parlementaires de Mardeval et Laurent.

parvenir aux émigrés et les voyages en France devenaient de plus en plus périlleux. Cette considération n'arrêta pas M. de Lamolère ; laissant à son corps domestiques, équipages et argent, il partit à pied, déguisé, et après de multiples péripéties, notamment après avoir couru le risque d'être pendu aux environs de Reims, il arriva le 6 octobre à Paris.

Il se rendit le lendemain chez le banquier qui devait lui remettre les 40.000 francs du maréchal de Mailly, se fit reconnaître de lui et prit jour pour le versement de la somme. Au jour dit, il retourna chez le banquier, trouva la maison gardée et l'argent disparu.

Il ne restait plus à M. de Lamolère qu'à repartir pour rejoindre son poste ; mais la retraite de Verdun et de Longwy était commencée et le retour à l'armée des princes devenu impossible. Le régiment de Polignac ayant d'ailleurs été licencié, M. de Lamolère se décida à rester en France. Tout ce qu'il avait laissé au camp, chevaux, équipapes, argent, fut perdu (1).

Rentré à Pruneville, il ne tarda pas à être interné à Châteaudun en même temps que son père, puis emprisonné.

Le comité révolutionnaire de Châteaudun écrivit le 8 prairial an II (27 mai 1794) au Comité de sûreté générale à Paris, pour lui désigner les noms de douze détenus susceptibles d'être traduits devant le tribunal révolutionnaire. Ces douze détenus étaient les suivants :

1° Barré, ancien commissaire du Roi au bailliage du Dunois, ancien maire ;

2° Lamolère fils, ex-noble, reclus par ordre du Comité du district comme ci-devant noble, soupçonné d'émigration et d'avoir été en Vendée ; il est d'un

(1) Papiers de la Perrine.

caractère et d'une opiniâtreté aristocratiques ; depuis et avant la Révolution, il a toujours été errant, ce qui le fait suspecter d'émigration ; il est incapable d'une bonne action ; dans l'ancien régime, il a tiré sur plusieurs personnes qu'il a dangereusement blessées ;

3° Goislard de Villebresme, Pierre-Jules, ex-noble ;

4° Courbeville, capitaine de gendarmerie ;

5° Corvasier, dit Boisguimon, officier de santé ;

6° Raux, prêtre n'ayant pas prêté le serment ; célébrait les mariages chez lui au mépris des lois, distribuait des écrits incendiaires ;

7° Demoiselle Marchand, domestique du précédent, répondait les messes de son maître, allait chercher des témoins pour les mariages, etc ;

8° Pichery, prêtre ;

9° Beaufils, prêtre, curé de Saint-Christophe ; avait tenu des propos tendant à empêcher la vente des biens nationaux, avec des intentions contre-révolutionnaires ;

10° Boucher, cultivateur ;

11° Chauveau, juge au tribunal ;

12° Sabattier.

Trois jours plus tard, le 11 prairial, le Comité de sûreté générale ordonna la translation des douze prévenus à Paris. Par suite d'une erreur de la poste, cet ordre n'arriva à Châteaudun que le 8 thermidor (26 juillet) ; il avait été dirigé sur Dun (Cher), au lieu de l'être sur Dun-sur-Loir, nom donné à cette époque à Châteaudun (1).

On conçoit l'angoisse des détenus et de leurs familles pendant que l'ordre courait sur les routes. Les dames de Lamolère, voyant le danger imminent, cherchèrent à sauver leurs époux ; à cet effet, elles adres-

(1) Papiers du Comité révolutionnaire de Châteaudun.

sèrent une supplique au Directoire de Châteaudun, demandant pour les accusés l'autorisation d'aller surveiller leurs récoltes. Voici les réponses qui leur furent faites à la date du 23 messidor an II (juillet 1794) : « en ce qui concerne M. de Lamolère père : considérant que ce citoyen est par son âge hors d'état d'être utile à l'agriculture et que cette demande n'est qu'un prétexte pour peut-être compromettre les fonctionnaires publics, le Directoire dit qu'il n'y a pas lieu de délibérer ; et pour la pétition de la citoyenne Lamolère la jeune (*sic*) : considérant que Lamolère fils est hors d'état de faire aucun travail, que cette demande n'est qu'un moyen employé par l'aristocratie pour compromettre les fonctionnaires publics, le Directoire dit qu'il n'y a pas lieu de délibérer » (1).

Nous avons vu que l'ordre de translation des détenus parti de Paris le 11 prairial (30 mai) n'arriva à Châteaudun que le 8 thermidor (26 juillet). Ce retard providentiel sauva probablement M. de Lamolère. Il fut mis en route le 10 thermidor avec ses compagnons d'infortune ; au cours du voyage ils apprirent la mort de Robespierre.

Le régime de la Terreur ne cessa pas d'ailleurs immédiatement. Etienne-Philippe passa en jugement le 11 vendémiaire an III (2 octobre 1794) et fut acquitté.

Cette mesure fut portée à la connaissance des intéressés par l'ordonnance ci-après du président du tribunal révolutionnaire créé par la loi du 10 mars 1793 : « Vu la déclaration du juré (*sic*) sur l'accusation portée contre Etienne-Philippe Lamolère, âgé de 41 ans, né à Marbois, district de Dun-sur-Loir, département d'Eure-et-Loir, demeurant en la commune de Saint-Christophe, même département, ci-devant jouissant

(1) Extrait des registres du Directoire de Châteaudun.

des privilèges de la noblesse et propriétaire en ladite commune ; portant : qu'il n'est pas constant qu'il ait été pratiqué dans la commune de Nogent-le-Républicain de manœuvres tendant à diviser les citoyens, à exciter par la discorde la guerre civile en insultant, provoquant et vexant les patriotes dans la société populaire le 14 juillet 1791, pour les empêcher d'éclairer le peuple sur les bienfaits de la Révolution ; qu'il est constant qu'il a été pratiqué dans une assemblée primaire tenue au dit Nogent, au mois d'avril 1791, des manœuvres tendant à corrompre des citoyens, à l'effet de faire nommer des électeurs soupçonnés d'incivisme par le moyen d'une liste délivrée à plusieurs votants, sur laquelle étaient inscrits les noms des différents nobles ou autres citoyens suspects qui depuis ont émigré ; qu'Etienne Lamolère n'est pas convaincu d'être auteur ou complice de ces manœuvres, et cela à l'unanimité.

« Vu pareillement la déclaration unanime du juré, portant qu'il n'est pas constant que Lamolère ait émigré du territoire français ; disons que le dit Lamolère est et demeure acquitté de l'accusation ; en conséquence, ordonnons qu'il sera mis en liberté sur-le-champ, si toutefois il n'est détenu pour autre cause ;

« Mais attendu qu'il résulte des débats et des pièces qu'il a maltraité des patriotes, fréquenté des aristocrates, gens suspects d'incivisme et qui ont ensuite émigré, et qu'il n'a pu justifier d'une résidence sans interruption sur le territoire français ; le tribunal, sur la réquisition de l'accusateur public, a ordonné que le dit Etienne-Philippe Lamolère serait détenu comme suspect jusqu'à ce qu'il en ait été autrement ordonné, dans les maisons d'arrêt de son département destinées à cette espèce de détention, conformément à

l'art. 10 du décret de la Convention du 17 septembre 1793 (an II de la république) ainsi conçu : « Les
tribunaux civils et criminels pourront, s'il y a lieu,
faire retenir en état d'arrestation, comme gens suspects, et envoyer dans les maisons de détention ci-
dessus énoncées les prévenus de délits, à l'égard
desquels il serait déclaré n'y avoir lieu à accusation
ou qui seraient acquittés des accusations portées
contre eux (1). »

Parmi les compagnons de M. de Lamolère, les deux
prêtres Raux et Beaufils furent condamnés à mort ;
quelques-uns furent acquittés ; les autres, parmi lesquels MM. de Villebresme et Sabattier acquittés,
mais de même qu'Etienne-Philippe, incarcérés comme
suspects.

La santé de M. de Lamolère, profondément altérée
par les fatigues et les soucis de toutes sortes qu'il avait
eu à supporter depuis longtemps, reçut une nouvelle
atteinte de son dernier voyage à Paris et des angoisses
qu'il avait eu à subir ; il adressa une pétition au Directoire de Châteaudun pour obtenir d'être soigné soit à
la prison, soit au dehors. Le Directoire cette fois se
laissa toucher. « Considérant que le citoyen est atteint
d'une maladie qui exige des soins qu'il ne peut se
procurer en la maison de détention où il n'y pas d'in-
firmerie, ainsi qu'il est attesté par un certificat des
citoyens Coiffier et d'Estrées, officiers de santé ; le
Directoire arrête que le citoyen Lamolère pourra se
faire traiter dans sa maison à Dun, sans pouvoir sortir
de la commune ; qu'en conséquence il se présentera
tous les jours à la maison commune pour y constater
sa présence et, dans le cas où il ne le pourrait, il la

(1) Imprimerie du tribunal révolutionnaire ; Enclos du Temple,
n° 37.

fera constater chez lui. Signé : Carrougeau, Dazard, Poirrier et Ibry, président » (1).

Il y a lieu de croire qu'Etienne-Philippe ne rentra pas en prison.

Pendant la durée de l'Empire, M. de Lamolère demeura soit à Pruneville, soit à Châteaudun et se consacra à l'administration de ses biens.

Il se rendit acquéreur, le 1er fructidor an X (18 août 1801), du moulin du gué Herbault, situé commune de Saint-Martin-du-Peau, et de ses dépendances, moyennant le prix de 8.700 francs. Le vendeur était le citoyen Joseph Saint-Laurent, ex-propriétaire du domaine de la Brosse (2).

Le 12 septembre 1807, Etienne-Philippe donna à bail le château de Pruneville et ses dépendances à son fils aîné, Etienne-Félix de Lamolère, demeurant à Orléans. Le bail était fait pour six ou neuf ans, moyennant le prix annuel de 600 francs ; M. Lamolère père consentait à laisser dans les appartements les meubles dont il pouvait ne pas avoir besoin, se réservant la faculté de les retirer s'il y avait lieu. Les 600 francs, payables à la Toussaint de chaque année, étaient à prendre, soit en nature de bled, soit en argent, sur le sieur Neveu, fermier de la métairie de Vilsard, appartenant en usufruit au dit sieur Lamolère fils (3).

En 1808, il abandonna la terre de la Perrine, ainsi que nous le verrons plus loin, au plus jeune de ses fils, Etienne-Auguste, à l'occasion de son mariage avec Mademoiselle de Cambis.

Le 18 avril 1810, il vendit le domaine de Pruneville au maréchal Ney, moyennant le prix de 162.000 fr. (4),

(1) Extrait du registre du Directoire de Châteaudun.
(2) Minutes de Grangé, notaire à Bonneval.
(3) Minutes de Grangé, notaire à Bonneval.
(4) Minutes de Maître Batardy, notaire à Paris.

et dès lors résida définitivement à Châteaudun, dans son hôtel de la rue Royale.

Après la Restauration, Etienne-Philippe fit de nouveaux sacrifices pécuniaires à la cause royaliste et offrit 10.000 francs au Roi.

Dans le mémoire dont nous avons déjà parlé et qui contient l'indication de cette offre, il rappelle qu'il avait été proposé pour la croix et que sa place de capitaine dans le régiment de Polignac lui donnait le grade de lieutenant-colonel ; il supplie le Roi de lui accorder la croix et de lui confirmer son grade.

« Comme tous les bons Français, écrivait-il, je ne demande, en ce moment, ni rentrée de fonds ni pension : le Roi a trop de fidèles sujets, qui ont tout perdu, à récompenser, et d'autres qu'il faut racheter. Je m'estimerai au contraire trop heureux, Monseigneur, si Sa Majesté daigne accepter l'offre que je prends la liberté de lui faire : c'est de déposer 10.000 francs au 1er juillet prochain, dans le lieu qui me sera désigné, sans intérêts, jusqu'à un temps plus heureux.

« Si d'après cet exposé fidèle, Monseigneur, vous me jugez capable de servir Sa Majesté soit dans le civil, soit dans le militaire, je trouverai ma récompense dans le bonheur d'être utile. Ma fortune et ma vie appartiennent au Roi ; daignez en disposer » (1).

L'une des faveurs sollicitées par M. de Lamolère lui fut accordée presque immédiatement : il fut nommé lieutenant-colonel de cavalerie (2). En outre dans les premiers jours du mois de septembre suivant, il reçut

(1) Archives du Ministère de la guerre et papiers de la Perrine.

(2) Deux pièces trouvées dans les papiers de la Perrine et datées du 8 septembre et 11 octobre 1814 sont adressées à M. de Lamolère (Etienne-Philippe), lieutenant-colonel de cavalerie.

la croix de l'ordre royal et militaire de Saint-Louis. Cette distinction lui fut annoncée par le comte de Damas, commandant la compagnie des chevau-légers de la garde ordinaire du Roi, dans une lettre du 8 septembre 1814, adressée à M. de Lamolère, lieutenant-colonel de cavalerie. L'expédition du brevet est du 11 octobre de la même année. Il avait reçu la décoration du lys le 10 juillet précédent (1).

Nous ne saurions mieux terminer l'historique d'Etienne-Philippe de Lamolère qu'en reproduisant le texte de la lettre que lui écrivit le ministre de l'Intérieur à la date du 20 octobre 1815, lettre adressée à M. le Chevalier de Lamolère, à Châteaudun.

« Monsieur, j'ai lu avec intérêt la lettre que vous m'avez fait l'honneur de m'écrire le 11 de ce mois ; elle respire les sentiments d'un fidèle et loyal chevalier français. Votre dévouement personnel et les offres que vous avez faites à S. M. me sont garants du zèle que vous mettrez à tout ce qui peut tendre au bien du service du Roi.

« J'ai l'honneur, etc.

« Le Ministre secrétaire d'État au département de l'Intérieur, signé : VAUBLANC (2). »

Etienne-Philippe mourut à Châteaudun le 17 janvier 1822, à 5 heures du matin, dans sa 70ᵉ année. L'acte de décès est signé par les témoins, M. de la Malmaison et M. Rouge des Montants, propriétaire à Châteaudun.

Sa veuve mourut aussi à Châteaudun, le 23 mars 1839, à l'âge de 78 ans. L'acte est signé par le fils de la défunte, Etienne-Félix-Désiré, et son petit-

(1) Papiers de la Perrine.
(2) Papiers de la Perrine.

fils, Etienne-Désiré-Léon de Lamolère. Sa tombe se voit encore dans le cimetière de Châteaudun (1).

Etienne-Philippe, de son mariage avec Adélaïde du Peiron, eut plusieurs enfants.

1° Adélaïde-Charlotte, née le 11 février 1778, à la Perrine. Elle fut baptisée le même jour en l'église de Saint-Christophe ; son parrain fut Etienne de Lamolère, son grand-père paternel ; sa marraine dame Charlotte Petit de Lagny, épouse de Jean du Peiron, sa grand'mère maternelle. Elle mourut le 19 frimaire an III (décembre 1795), à l'âge de 17 ans, au domicile de Marie-Eloi Humery et de Marie-Madeleine Lermite, son épouse, domiciliés à Châteaudun (2).

2° Etienne-Jean, né le 6 décembre 1778, au château de Pruneville ; il fut baptisé à Marboué ; le parrain fut messire Jean du Peiron, seigneur de la Coste, ancien directeur de la monnaie de Paris, oncle maternel de l'enfant, représenté par messire Joseph-Bernard de Lamolère, demeurant en la paroisse de Luigny-au-Perche, grand-oncle de l'enfant ; la marraine, dame Marie-Félicité de Mailly, épouse de M. Etienne de Lamolère, grand'mère paternelle. Etienne-Jean de Lamolère mourut le 21 du même mois, au domicile de Paul Cottin, journalier à Marboué, chez qui il était en nourrice. Il fut inhumé en présence d'Etienne Plye, jardinier à Pruneville, de plusieurs journaliers et débitants de Marboué, et de Madeleine Lochon, femme de chambre au dit château de Pruneville.

3° Etienne-Félix-Désiré (voir ci-dessous).

4° Etienne-Fortuné, né à la Perrine le 27 août 1781 ; il eut pour parrain Etienne de Lamolère et pour

(1) Etat civil de Châteaudun.
(2) Etat civil de Saint-Christophe.

marraine Félicité de Meaussé, épouse de M. de
Sabrevois, ancien mousquetaire noir, sa tante à la
mode de Bretagne.

Il épousa, le 28 ventôse an X (15 mars 1802),
demoiselle Eulalie-Marie-Hélène-Denise de Trémault,
fille majeure de M. Elisabeth-Denis de Trémault,
demeurant à Vendôme, et de Marie-Jeanne-Elisabeth
de Taillevis.

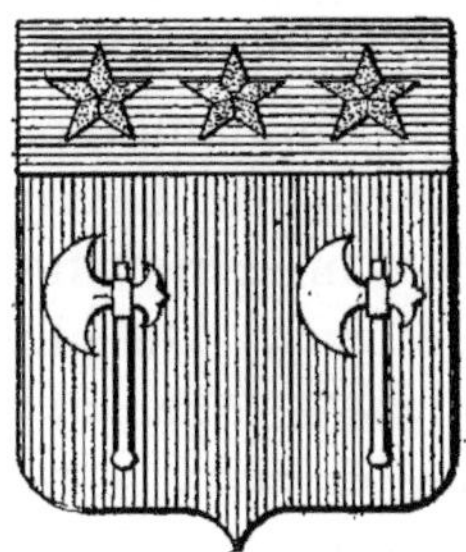

Armes des Trémault.

De gueules à deux haches d'armes d'argent en pal ; au chef d'azur
chargé de trois étoiles d'or (1).

Le contrat fut établi en présence des futurs époux
et de leurs parents et en outre, du côté du futur, de
M. Gilbert de Sarrazin, propriétaire à Vendôme, au
nom et comme fondé de pouvoir de dame Marie-
Félicité de Mailly, veuve d'Etienne de Lamolère,
demeurant à Pruneville, sa grand'mère, et d'Etienne-
Auguste de Lamolère, son frère ; et, du côté de la future
épouse, en présence de M. Augustin-Charles-Antoine
de Sarrazin et de dame Elisabeth-Marie-Geneviève de
Trémault, ses beau-frère et sœur, de MM. Henri et
Anne-François-Gédéon de Trémault, ses grands-

---

(1) Communication de M. de Trémault, maire de Vendôme, et
Rietstap, *Armorial général*, 11, 935.

oncles ; de M. Hippolyte de Trémault, son cousin germain ; de M. Jean-Alexandre Butté Bécheri et de dame de Chabot, son épouse, cette dernière parente du côté paternel.

Le régime adopté fut celui de la communauté de biens régi par la coutume d'Anjou. Les parents du futur lui constituaient en dot, en avance d'hoirie, 4.000 livres de rente, sur lesquelles 2.000 payables immédiatement et les 2.000 autres lorsqu'auront été recueillies les successions de dame Marie-Félicité de Mailly, veuve d'Etienne de Lamolère, et de dame Charlotte-Marie-Jeanne Petit de Lagny, veuve de Jean du Peyron. (Ces deux dames moururent l'une et l'autre vers la fin de l'année 1802.) De plus M. et Mme de Lamolère s'engageaient à loger et nourrir les futurs époux, et dans le cas où ceux-ci renonceraient pour une raison quelconque à cette stipulation, à leur payer une rente annuelle et viagère de 1.000 francs, ce qui cependant ne pourra avoir lieu que dans trois ans à partir du jour du mariage.

En considération du mariage, M. de Sarrazin, au nom de Mme de Mailly, veuve d'Etienne de Lamolère, faisait donation aux futurs époux de 400 livres de rente annuelle.

A l'égard de la demoiselle future épouse, elle se mariait dans tous ses droits mobiliers et immobiliers, à elle échus provenant de la succession de dame Marie-Jeanne-Elisabeth de Taillevis, sa mère et du partage de la succession de dame Marie-Elisabeth de Thézard, veuve de M. de Mauny, sa grand'tante ; lesquels droits consistent en la terre et métairie de Carmentière, située commune de Villeromain, en prés situés sur la même commune et en la somme de 1.000 livres en argent léguée à la future par la dite dame de Mauny. En considération du mariage, M. de Trémault donne à sa fille future épouse, en avancement d'hoirie, la somme de 2.400 livres en argent.

Chacun des époux verse 10.000 livres pour former la communauté, le reste de leurs biens restant à chacun en propre. Le douaire de la future épouse est fixé à 1.500 livres de rente viagère (1).

Les jeunes époux profitèrent pendant un certain temps de la clause de leur contrat qui les autorisait à demeurer chez M. et Mme de Lamolère. Fortuné habitait encore Châteaudun en 1811 ; il fut nommé conseiller municipal de cette ville par décret impérial du 15 août de cette même année (2).

Par la suite Fortuné de Lamolère acheta, au titre de la communauté, et à une date qui ne nous est pas connue, le domaine de Jupeau, commune de Bonneval. Ce domaine lui fut cédé par Louise Toutin, épouse séparée de biens d'Antoine Bailly, détenu hors du territoire européen, moyennant la somme de 18.500 fr. dont 8.500 payés immédiatement. Le domaine se composait d'une maison de maître, de bâtiments de ferme et de quelques terres cultivables. Fortuné l'arrondit par l'acquisition de plusieurs immeubles plus ou moins importants ; entre autres du moulin du Gué-Herbaut que lui vendit son père Etienne-Philippe de Lamolère, moyennant le prix de 27.000 francs (3).

Madame Fortuné de Lamolère décéda à Vendôme le 22 décembre 1813, laissant quatre enfants mineurs (voir ci-dessous). Ceux-ci furent, suivant la loi, confiés à la tutelle de leur père qui à cette époque habitait Jupeau. Le subrogé tuteur fut M. Charlemagne de

(1) Minutes de Coupé, notaire à Vendôme.

(2) Papiers de la Perrine.

(3) Inventaire du 27 février 1814, établi après le décès de Mme Fortuné de Lamolère. — Minutes de Grangé, notaire à Bonneval.

Trémault, oncle maternel des mineurs, demeurant à Lunay, près Vendôme ; il fut élu par le conseil de famille, le 25 février 1814, devant le juge de paix de Bonneval. Le 20 juin suivant, il renonça pour les mineurs à la communauté de biens ayant existé entre le sieur de Lamolère et la dame de Trémault, et accepta purement et simplement la succession de cette dernière sous bénéfice d'inventaire (1).

Nous n'avons pas de renseignements sur la vie de Fortuné de Lamolère, après la mort de sa femme ; il partageait son temps entre ses parents et ses amis. Il était l'enfant gâté de tous ceux chez lesquels il fréquentait, en raison de son entrain et de son affabilité. Il a laissé le souvenir d'un chasseur fanatique : le passage suivant d'une lettre de son grand-père Etienne de Lamolère à Etienne-Félix-Désiré, son frère aîné, en fait foi. Faisant allusion à une réunion de famille au château de Marigny, chez M. du Peiron de Saint-Hilaire, fils de M. du Peiron de Lacoste et que la lettre désigne sous le nom de « preux de Saint-Hilaire », M. de Lamolère ajoute : « Fortuné est, comme vous l'imaginez bien, de la partye (sic) ; les braconniers sont inséparables. »

De son mariage avec Denise de Trémault, Fortuné de Lamolère eut plusieurs enfants :

a) Etienne-Denis-Léon, né à Châteaudun le 2 messidor an XI (juin 1803). Les témoins de l'acte sont dame Elisabeth de Trémault de la Blotinière, aïeule maternelle de l'enfant, et Armand-Constant-Fidèle Legrand, horloger à Châteaudun. Léon de Lamolère fut officier de cavalerie ; il épousa Mlle de Phelines.

b) Eulalie Victoire-Adélaïde (dite Victorine), née le 6 floréal an XII (avril 1804), à Châteaudun. Les

____

(1) Minutes de Grangé, notaire à Chartres.

témoins furent Etienne-Philippe de Lamolère, grand-père de l'enfant, et David de Meaussé, son arrière-grand-oncle. Victorine de Lamolère épousa M. Frédéric des Mazis, lieutenant dans la garde royale.

c) Laurent (dit Almire), né à Châteaudun, le 28 frimaire an XIV (décembre 1805). Les témoins furent Amant-Constant-Fidèle Legrand, horloger ; et Pierre-Jean Lecomte, potier d'étain. Il épousa Mademoiselle de la Boussardière.

d) Raoul, né à Châteaudun, le 8 avril 1810. Les témoins furent Amant-Constant-Fidèle Legrand et Pierre-Jean Lecomte déjà cités. Raoul de Lamolère se consacra à la carrière des armes. Il resta célibataire et mourut officier supérieur de cavalerie, dans la Dobrustcha, pendant la guerre de Crimée.

5° Auguste-Louis-Etienne-Désiré de Lamolère, naquit à la Perrine le 15 mars 1783. Son parrain fut le comte Jean-Louis de la Roque, capitaine commandant au régiment Mestre de camp, colonel-général Dragons, et sa marraine, dame Angélique-Anne-Perrine de Tarragon, épouse de messire Jean-Jacques de la Roque, baron d'Ornac, mestre de camp et colonel du même régiment.

Il épousa, le 8 novembre 1808, demoiselle Marie-Caroline-Delphine de Cambis, fille majeure de messire Joseph de Cambis, officier général de la marine, et de dame Marie-Anne de Montigny, demeurant ordinairement avec ses parents à Paris, rue Saint-Maur, n° 12, faubourg Saint-Germain, et au moment du mariage au château de Sours, chez M. de Montigny, son aïeul maternel.

Armes des Cambis.

D'azur au chêne d'or posé sur un mont de six coupeaux de sable,
soutenu par deux lions affrontés d'or (1).

Le contrat fut rédigé par maître Peluche, notaire à
Chartres. En faveur du mariage, M. et Mme de Lamolère firent donation au futur époux des terres et domaines de la Perrine et de Saint-Christophe, lesquels
étaient d'un revenu de 6.000 francs ; le revenu avait
été réduit à ce chiffre par suite de la suppression des
droits casuels et rentes seigneuriales. Le domaine de
la Perrine et de Saint-Christophe était évalué à
132.000 francs seulement, en raison des reconstructions et grosses réparations à faire tant aux bâtiments
de maître qu'à la ferme.

« D'ailleurs comme les dits sieur et dame de
Lamolère n'ont pas l'intention d'avantager le futur
époux plus que leurs autres enfants, à chacun desquels ils ont donné 80.000 francs en immeubles, ils se
réservent sur le prix de la donation la somme de
52.000 francs, dont le futur époux leur paiera
l'intérêt annuel à raison de 2.000 francs, jusqu'à
l'ouverture de leur succession.

« Le futur époux devra exécuter les baux faits par
M. de Pruneville et notamment celui fait à M. et

(1) Rietstap, *Armorial général*, I, 358.

CHATEAU DE LA PERRINE (1815)

Mme de Bourzac. Enfin pour assurer aux futurs époux la jouissance incommutable des domaines de la Perrine et de Saint-Christophe, sans être obligés au rapport des dits biens, lors de la succession de M. et Mme de Lamolère, dans le cas où les frères du futur époux exigeraient ce rapport en nature, M. de Lamolère déclare faire donation entre vifs au futur époux de la dite somme de 52.000 francs ci-devant réservée, pour le dit futur époux jouir de cet excédent au décès de ses père et mère en toute propriété, par préciput et hors part.

« M. René de Montigny constitue en dot à la dite demoiselle de Cambis, sa petite-fille, la somme de 60.000 francs pour laquelle il lui crée 3.000 francs de rente, dont le paiement sera continué jusqu'au jour où il plaira à M. de Montigny de payer les 60.000 francs. La dite rente sera représentée par la délégation du fermage de la terre et de la métairie de Génerville, commune de Sours, affermée à François Prévoteau ; lequel fermage est de 1.200 livres en monnaie, 109 hectolitres de blé, etc. La même terre est d'ailleurs hypothéquée pour sûreté de la rente.

« En outre M. et Mme de Cambis constituent en dot à leur fille la somme de 5.000 livres en habits, linge, bijoux, etc. »

Parmi les personnes présentes au contrat, nous citerons les sœurs de la future épouse, Mlles Lucie-Gasparine et Adrienne de Cambis qui devinrent par la suite Mmes de Loyac et de Trémault (1).

Auguste de Lamolère commença la restauration de la Perrine ; il rasa une des tours, remplaça les hauts toits par une toiture à l'italienne et donna au château

____

(1) Minutes de Maître Peluche, notaire à Chartres (Étude Lory).

l'aspect qu'il a aujourd'hui. D'après la tradition, c'est Mme de Lamolère, son épouse, qui fit planter bon nombre des beaux arbres qui ornent encore actuellement le parc.

Le passage d'Auguste à la Perrine fut marqué par plusieurs actes d'administration, et entre autres par le bail qu'il consentit le 11 juin 1810, au nom de Mme veuve Mesnard de Bourzac, usufruitière du domaine de la Perrine, à Pierre Chesnau, laboureur, demeurant à la Limonière (*sic*), commune de Moléans, pour 6 ou 9 années, d'un lot de terre dépendant de la ferme de la Perrine et s'étendant sur les communes de Saint-Christophe, Moléans et Donnemain-Saint-Mammès. Le prix du bail était de 23 hectolitres de froment, livrable chacun an à la Perrine (1).

Le domaine de la Perrine, y compris les terres de Saint-Christophe, fut revendu par M. et Mme Auguste de Lamolère, le 25 novembre 1815, par contrat passé devant Maître Grangé, notaire à Bonneval, à M. Etienne-Félix-Désiré de Lamolère, frère aîné du vendeur et à dame Jean-Baptiste-Euphrosine Legrand de Melleray, son épouse. Le prix de vente était de 137.000 francs, y compris la somme de 52.000 francs qui devait être représentée à l'ouverture de la succession de M. de Pruneville (2).

Après la cession de la Perrine, M. et Mme Auguste de Lamolère habitèrent leur hôtel de la rue des Lisses, à Chartres, et le château de Sours.

Ils sont morts sans postérité.

(1) Minutes de Grangé, notaire à Bonneval (Etude Renard).
(2) Minutes de Grangé, notaire à Bonneval (Etude Renard).

Etienne-Félix-Désiré de Lamolère.

Etienne-Félix-Désiré naquit à la Perrine, le 22 juin 1780. Il eut pour parrain M. du Plessis-Chatillon, chevalier de Malte, capitaine de cavalerie, et pour marraine, Julienne-Victorine de Mailly, marquise de Meaussé, sa grand'tante. D'après ce qu'il rappelait souvent lui-même, il fut élevé par ses grands-parents, Etienne de Lamolère et Marie-Félicité de Mailly, à qui il conservait une tendre et respectueuse reconnaissance.

On sait peu de chose de ses premières années jusqu'en 1800, époque à laquelle il épousa Mlle Françoise-Guillaume (dite Juliette) de Lamolère, fille de M. Jean-Baptiste de Lamolère de la branche de Bordeaux.

Le contrat fut rédigé à Paris, le 2 brumaire, an IX, (26 octobre 1800). Etaient présents, pour le futur, Etienne-Philippe de Lamolère de Pruneville, son père, stipulant tant en son nom personnel que comme fondé de pouvoir de son épouse, Marguerite-Adélaïde du Peiron, pour Etienne-Félix-Désiré, leur fils mineur ; François Bernard, fondé de pouvoir spécial de M. et Mme de Lamolère, grand-père et grand'mère paternels du futur ; Charlotte-Marie-Jeanne de Lagny du Peiron, sa grand'mère maternelle ; Charlotte Delaage de Trinquier, sa tante ; Guillaume Lamolère de Feuillas, son cousin ; Claire-Marie Hurault Deligny ; Marie-Geneviève de Chasteigner ; Antoinette-Marie-Bonne Lacage Grellet, amies, etc. ; et du côté de la future : Jean-Baptiste de Lamolère, créole de Saint-Domingue, son père ; dame Antoinette Godet, sa mère, stipulant pour leur fille majeure ; Claire-Nicolle de Lamolère, veuve du citoyen Sans de Saint-Julien, Alzire de Lamolère, ses sœurs ; Aimé et Benjamin de

Lamolère, ses frères ; Anne-Marguerite-Henriette de Werges, Marie Sonnois Maupertuis Caillebot, ses cousines ; Casimir de Nordingh de Witt, son cousin ; Henri Lagonde, etc.

Les futurs étaient mariés sous le régime de la communauté de biens. La future recevait, à titre de pension, le douzième des revenus nets des propriétés de ses parents situés à Saint-Domingue et à la Guadeloupe (pension évaluée à 1.000 francs par an pour l'enregistrement).

Le futur recevait de ses père et mère une pension de 2.000 francs, pouvant être portée à 3.000, puis à 4.000 francs à partir du jour où les constituants auront recueilli les successions directes qui peuvent leur échoir. De plus, M. et Mme de Lamolère s'engageaient à loger et nourrir les futurs époux, leurs enfants et leurs domestiques, tant qu'ils demeureront avec eux ou à leur faire en échange une pension de 1.000 francs. Enfin, les grands-parents du futur lui faisaient donation d'une rente annuelle de 400 francs, garantie par hypothèque spéciale sur la ferme du Petit-Grélard, située commune de Marboué.

En cas de mort de l'un des conjoints, les pensions stipulées devaient continuer à être payées au survivant jusqu'à la mort des parents du décédé (1).

Du mariage de Félix et de Juliette de Lamolère naquit un fils, nommé Jules, que sa mère eut à peine le temps de connaître. Peu après la naissance de cet enfant elle tomba malade et mourut à Versailles, au mois de mars 1803 (2), dans son domicile, rue de la Paix, n° 35 (3). Les témoins de l'acte furent

(1) Minutes de Foucault de Pavant, notaire à Paris. Papiers de la Perrine.
(2) Etat civil de la ville de Versailles.
(3) Actuellement rue Saint-Honoré.

Jean-Baptiste-Aimé de Lamolère, frère de Juliette, et Jean-Baptiste Labé de Mozambert, son cousin germain, demeurant boulevard Egalité, n° 9. Le petit Jules mourut peu de temps après.

A la suite de la mort de Mme Juliette de Lamolère, les droits que son mari avait à exercer sur la communauté, ainsi que les pension, donation, préciput et autres avantages et reprises qui lui revenaient d'après son contrat de mariage furent confondus et représentés par une obligation de 45.000 livres souscrite à son profit par ses beaux-parents, suivant acte passé par Maître Guenoux et son collègue, notaires à Paris, le 25 floréal an XII. Cette obligation comprenait en outre le remboursement de prêts d'argent faits par Etienne-Félix-Désiré à son beau-père (1).

Etienne-Félix ne toucha qu'une partie des intérêts de cette somme dont le capital ne lui fut jamais remboursé. Par suite des événements désastreux arrivés à Saint-Domingue, et des pertes subies pendant la Révolution, M. et Mme de Lamolère, ses beaux-parents, moururent dans l'insolvabilité.

Le 10 messidor an X (juin 1802), Mme Marie-Félicité de Mailly, veuve de M. Etienne de Lamolère, céda à son petit-fils Etienne-Félix-Désiré, par acte de donation entre vifs, la propriété de la ferme de Greslard, commune de Marboué. L'acte fut passé devant maître Raimbault, notaire à Châteaudun. La dite donation fut reconnue valable par M. et Mme Etienne-Philippe de Lamolère, père et mère, suivant transaction arrêtée devant Soissons, notaire à Chartres, le 26 fructidor an XI (septembre 1803) (2).

(1) Renseignements donnés par le contrat ci-dessous du mariage de Félix de Lamolère avec Mlle de Melleray.
(2) Minutes de Maître Renault, notaire à Châteaudun.

Le 20 messidor an XII (juillet 1804), Etienne-Félix-Désiré de Lamolère épousa, à Orléans, demoiselle Euphrosine-Jean-Baptiste Legrand de Melleray, fille de Louis Legrand de Melleray, ancien lieutenant-colonel de cavalerie au service de Sa Majesté le Roi d'Espagne et de dame Marie-Augustine Poan.

Armes des Legrand de Melleray.

D'azur à un chameau d'or passant sur une terrasse de sinople, accompagné en chef de deux mouches d'argent (1).

Il n'est pas sans intérêt de dire que d'autres armoiries sont indiquées sur un portrait de Mathieu Legrand de Melleray peint en 1592 ; ces armes sont les suivantes :

De gueules à trois cyprès arrachés de sinople ; elles sont accompagnées de cette devise : « *Ne obdormiamus ni morte.* » On remarquera que ces dernières armes ne sont pas conformes aux règles du blason, qui n'admettent pas l'apposition de couleur sur couleur.

Le contrat fut dressé par devant Maître Johannet et son confrère, notaires à la résidence d'Orléans, au château de la Bretauche, paroisse de Chécy, propriété de M. Legrand de Melleray.

Le régime adopté fut celui de la communauté de biens avec les restrictions d'usage.

(1) *D'Hozier, Généralité d'Orléans,* folio 336, § 123 et folio 476, § 214.

Le futur époux apportait en mariage : 1° la ferme de Greslard, sise en la commune de Marboué, qui lui avait été donnée par sa grand'mère Marie-Félicité de Mailly, veuve de M. Etienne de Lamolère ; 2° les droits résultant de son contrat de mariage avec sa première femme, demoiselle Juliette de Lamolère, droits non encore liquidés entre le futur époux et ses beaux-parents ; 3° une obligation de 45.000 livres, payable en cinq années avec intérêts au denier 20, souscrite au profit du futur époux par les dits sieur et dame de Lamolère, père et mère de la première femme et dont il a été question plus haut ; 4° une pension viagère de 3.000 francs représentative des droits à prendre par Félix de Lamolère dans les futures successions de ses père et mère, conformément aux indications du contrat du premier mariage.

La dot de la future consistait en une somme de 60.000 francs provenant en partie (pour 10.000 francs) de la succession de sa sœur décédée, demoiselle Marie-Augustine Legrand de Melleray, épouse en son vivant de M. Pierre-Marie-Louis Lemarcis, et pour le reste d'une donation en avancement d'hoirie faite par M. et Mme de Melleray à leur fille.

Le futur époux reconnaissait à la future épouse, à titre de douaire, une rente viagère de 3.000 francs qui devait d'ailleurs être réduite à 2.000 francs dans le cas où, lors du décès du futur époux, il y aurait un ou plusieurs enfants du mariage.

Le préciput pour chacun des époux devait être de 10.000 francs, somme qui serait réduite à 5.000 dans ce même cas d'enfants.

Etaient présents, du côté du futur époux, son père, sa mère et ses deux frères, Fortuné et Auguste ; du côté de la future son père et sa mère ; Mlle Aglaë Legrand de Melleray, sa sœur ; M. Jean-Baptiste

Poan de Monthelon, demeurant à Paris, son grand-oncle maternel ; M. Alexandre Dugaigneau de Champvallins, son cousin du côté paternel, Mlles Marie-Madeleine Dugaigneau de Champvallins et Marie-Anne Dugaigneau de Champremault, ses cousines ; M. Louis-Nicolas d'Eschallard, capitaine d'état-major, son beau-frère prétendu ; M. François-Félix du Plessis-Chatillon, demeurant à Paris et dame Marie-Françoise Brachet, veuve de M. du Plessis-Chatillon de Beaujeu, demeurant à Orléans, amis (1).

Les nouveaux époux demeurèrent d'abord à Orléans, allant résider de temps à autre à Pruneville, chez M. de Lamolère, leur père et beau-père. Le 12 septembre 1807, Etienne-Félix prit à bail de son père, ainsi que nous l'avons vu plus haut, le château de Pruneville pour six ou neuf années (2). Il y résida jusqu'en avril 1810, date de la vente du domaine au maréchal Ney (3).

Le maréchal Ney acheta aussi de Félix de Lamolère la ferme de Greslard, moyennant le prix de 55.000 francs par acte passé devant Maître Batardy, notaire à Paris, le 10 avril 1813.

Dès les premiers jours de la Restauration, Félix de Lamolère demanda à entrer dans un des corps de la garde royale : les services rendus par son père à la cause des Bourbons devaient l'aider à obtenir cette faveur.

En effet, une lettre du 8 juin 1814 de M. de Fournel, sous-aide-major, fait connaître qu'il vient d'être nommé aux gardes du corps du Roi. Cette lettre est ainsi

(1) Minutes de Johannet, notaire à Orléans (Etude Berlen-court).

(2) Minutes de Grangé, notaire à Bonneval (Etude Renard).

(3) Voir plus haut.

conçue : « Monsieur, étant nommé garde du corps dans la compagnie commandée par M. de Noailles, prince de Poix, vous voudrez bien vous rendre le 13 du courant à l'hôtel des gardes du corps, en face du Pont-Royal, à 6 heures du matin (1). »

Félix de Lamolère est, en effet, porté sur le contrôle des gardes de corps à partir du 16 juin 1814. On sait que les gardes du corps avaient dans l'armée le grade de lieutenant.

M. de Lamolère ne fit pas d'ailleurs un long service dans son nouveau corps : dès le 20 juin il obtint une permission d'absence pour affaires de majeur intérêt, jusqu'au moment où il recevrait l'ordre de rejoindre Il donna sa démission le 1er septembre suivant (2).

A cette occasion, il recevait la lettre ci-après en date du 7 septembre 1814 : « Le prince (3) me charge, Monsieur, de vous accuser réception de votre lettre du 24 août ; il regrette beaucoup que vos infirmités ne vous permettent pas de continuer vos services dans les gardes du corps du Roi (4). »

Pendant les Cent Jours, Etienne-Félix fut attaché, avec le grade de lieutenant, à l'Etat-major des volontaires royaux (détachements cantonnés dans l'Eure et l'Eure-et-Loir), sous les ordres du maréchal de camp, marquis de Puyvert. En récompense des marques de dévouement qu'il donna dans cette circonstance à la cause royale, il fut autorisé, le 21 septembre 1824, à porter la décoration du ruban lilas (5).

---

(1) Papiers de la Perrine.

(2) Archives du ministère de la guerre (Contrôle des gardes du corps) et Papiers de la Perrine.

(3) Le duc de Noailles, prince de Poix, commandant la compagnie de Noailles.

(4) Papiers de la Perrine.

(5) Papiers de la Perrine.

Le 25 novembre 1815, Etienne-Félix-Désiré racheta, ainsi que nous l'avons vu plus haut, la terre de la Perrine à son frère Auguste. Il est dit dans l'acte que le château avait été nouvellement reconstruit ; il n'était pas achevé.

Vers la même époque Etienne-Félix fit une importante addition à sa propriété de la Perrine par l'acquisition de la ferme du Goulet sise au confluent du Loir et de la Conie et qui comprenait 79 hectares de terres et de prés. Cette acquisition fut faite en deux fois, le 16 août 1814 et le 31 juillet 1816 (1).

Les époux de Lamolère vécurent longtemps à la Perrine ; c'est pendant ce séjour et grâce aux démarches persistantes de M. de Lamolère que l'église de Saint-Christophe, fermée depuis la Révolution, fut rendue au culte. Le 7 mai 1825, Etienne-Félix complétait son œuvre en achetant une maison sise à Saint-Christophe pour en faire le presbytère. Il était alors maire de Saint-Christophe et fit l'acquisition au nom de la commune, mais sous la condition que celle-ci n'entrerait en jouissance de la propriété qu'à partir du jour où l'autorisation gouvernementale serait obtenue, faute de quoi M. de Lamolère resterait propriétaire de la dite maison. L'autorisation dont il s'agit n'étant jamais intervenue, le presbytère est resté la propriété de M. de Lamolère et de ses descendants (2).

Etienne-Félix vendit la Perrine, le 2 novembre 1831, à son gendre, M. Jean-François-Hyppolite Le Comte, et acheta, à Châteaudun, une propriété nommée le Clos, située sur la route de Chartres, à l'entrée de la ville. Il l'habita jusqu'à sa mort survenue le 6 avril 1853,

(1) Papiers de la Perrine.
(2) Minutes de Maître Lucas, notaire à Châteaudun (Etude Renault).

Il fut inhumé dans le cimetière de Saint-Christophe.

Sa veuve lui survécut pendant douze ans, donnant l'exemple de la plus haute vertu et répandant autour d'elle les charités et les bonnes œuvres. Elle eut la grande affliction de perdre la vue pendant les dernières années de sa vie et n'en continua pas moins à montrer la plus grande résignation à la volonté divine. Elle mourut au Clos, le 1er octobre 1865, à l'âge de 80 ans, et fut enterrée comme son mari, à Saint-Christophe.

Etienne-Félix-Désiré et Euphrosine de Lamolère eurent trois filles :

a) Marie-Léonide, née à Orléans, le 1er septembre 1809, épousa M. Le Comte. Outre la terre de la Perrine, achetée à son beau-père, comme on l'a vu plus haut, M. Le Comte possédait encore le vaste domaine de Montigny, dans la Sarthe, qu'il tenait de son père.

b) Marie-Augustine (dite Maria), née à Orléans, le 11 mai 1811, épousa M. Carlos de Drouin, vicomte de Bouville, capitaine de cavalerie, demeurant avec ses parents, au château de Bouville, près de Pithiviers.

c) Marie-Euphémie, née à Orléans, le 16 septembre 1816, épousa M. Léon Demimuid, maître de forges à Commercy.

Nous terminerons ici l'historique de la famille de Lamolère (branche du Quercy), ne croyant pas devoir entreprendre celui de la génération qui nous précède non plus que celui de la nôtre.

Il a semblé suffisant de compléter cette notice par un tableau généalogique comprenant les membres de notre génération et ceux des deux générations qui la suivent (1).

(1) Ce tableau est dû à M. le Comte.

SOURCES

Papiers de la Perrine.

Travail fait d'après ce dossier par M. Le Comte et M. Juillard.

Dossier rassemblé par M. Dumas de Rauly, archiviste de Tarn-et-Garonne.

Travail fait d'après ce dossier par M. Dumas de Rauly.

Documents fournis par M. l'abbé Taillefer, curé de Cazillac, près Lauzerte.

Documents fournis par M. Rousselot, archiviste-adjoint de la ville de Bordeaux.

Actes provenant des mairies de Châteaudun, Saint-Christophe, Marboué, etc.

Documents provenant de la Bibliothèque de Châteaudun et fournis par Mlle Polouet et M. Rabouin, de cette ville.

Documents trouvés à la Bibliothèque nationale par le R. P. Beauchet-Filleau, MM. Boutron, Courtaux, etc.

Documents recueillis à la Bibliothèque nationale, aux archives nationales, aux archives du Ministère de la Guerre, chez les notaires de Paris, Chartres, Châteaudun, Bonneval, Nogent-le-Rotrou, par le général Demimuid Treuille de Beaulieu.

BRANCHE DE BORDEAUX

La branche de la famille de Lamolère qui habita Bordeaux y vécut pendant toute la durée du xviiiᵉ siècle : elle n'y est représentée, à réellement parler, que par trois membres, mais tous trois remarquables par leur grande honorabilité, leur intelligence et les hautes situations qu'ils occupèrent.

La famille de Lamolère qui, nous l'avons vu, était originaire du Quercy, eut de bonne heure des relations avec le Bordelais. Nous avons dit que Bernard, fils de Pierre et de Jeanne de Rouges, avait été curé de Sainte-Anne du Puy en Bazadais, en 1648.

Nous avons vu aussi que Jean Lamolère, fils de Jean et de Marguerite de Cazelles, résida à Bordeaux pendant les dernières années de sa vie. C'est dans cette ville qu'il fit son testament le 21 juin 1713 ; le 22 octobre de la même année, il se fit recevoir conseiller secrétaire du roi, maison couronne de France, audiencier à la chancellerie de la cour des Aides de Bordeaux, office qui conférait la noblesse transmissible aux enfants et descendants du titulaire.

Il fut d'ailleurs dispensé de résider au siège de la Cour en raison de son grand âge (70 ans) et alla mourir à Lauzerte le 18 juillet 1715 (1).

Bernard Lamolère.

Bernard Lamolère, fils de Jean, lieutenant particulier, assesseur criminel de la sénéchaussée de Lau-

(1) Voir la notice sur les Lamolère du Quercy.

zerte en Quercy, et de Marguerite de Cazelles, frère de Jean dont il est question ci-dessus, naquit à Lauzerte le 29 juin 1644, fut d'abord ondoyé à domicile, puis baptisé le 11 novembre 1648. Il eut pour parrain Bernard Lamolère, prêtre, recteur de Sainte-Anne du Puy en Bazadais, son oncle, et pour marraine Cyprienne de Ventach, femme de Guillaume Rouges, procureur, sa grand'tante (1).

Bernard quitta Lauzerte fort jeune et alla chercher fortune à Paris. Ses débuts furent difficiles et, comme maint cadet de Gascogne, lancé sans secours sur le pavé de la grand'ville, il fut plus d'une fois réduit aux expédients. Mais il finit par sortir de cette mauvaise passe et nous le trouvons, en 1676, avocat au Parlement de Paris. Il figure avec cette désignation, le 10 mai 1676, comme parrain dans l'acte de baptême de sa nièce Jeanne de Lamolère, fille de Jean, lieutenant particulier, assesseur criminel et de Marie de Pradier. Il fut représenté à la cérémonie par Jean Donat, écolier (2).

Quatre ans plus tard, en 1680, Bernard était juge sénéchal de la ville et marquisat de Barbezieux, lequel marquisat appartenait à Michel Letellier, grand chancelier de France. Il était en même temps chargé des affaires personnelles du grand chancelier et du marquis de Louvois, son fils, dans la contrée.

Pendant son séjour à Barbezieux, Bernard Lamolère fut parrain, le 23 juin 1680, dans la paroisse Saint-Bonnet, avec demoiselle Marie de Guérin, le 28 décembre 1683, avec dame Marguerite de Pindray

(1) Etat civil de Lauzerte, n° 3.

(2) Etat civil de Lauzerte, n° 6. Nous retrouverons plus tard ce Jean Donat, directeur de la Monnaie de la Rochelle.

et le 19 février 1685, avec la même dame de Pindray (1).

En cette année 1680, Bernard Lamolère épousa demoiselle Anne-Marguerite Mouret, fille de feu Thierry Mouret, en son vivant conseiller du Roi, contrôleur des rentes de l'Hôtel de Ville de Paris.

Le contrat porte la date du 26 novembre 1680. Furent présents : Bernard Lamolère, advocat au Parlement de Paris, juge sénéchal de la ville et marquisat de Barbezieux, y demeurant, de présent en cette ville de Paris, logé rue Tiquetonne, paroisse Saint-Eustache, fils de Jean Lamolère, conseiller du Roi, ancien lieutenant particulier assesseur criminel de la Sénéchaussée de Lauzerte en Quercy et de dame Marguerite de Cazelles, ses père et mère ; assisté de M⁰ Etienne Lamolère, son frère, aussi advocat au Parlement de Paris, au nom et comme fondé de pouvoir de la procuration du dit sieur Jean Lamolère, son père, d'une part ; et demoiselle Marie Aymier, veuve de M. Thierry Mouret, vivant conseiller du Roi, contrôleur général des rentes de l'Hôtel de Ville de Paris, stipulant pour demoiselle Anne-Marguerite Mouret, sa fille mineure, et du dit défunt, et de laquelle elle est tutrice, demeurant avec la dite demoiselle rue de la Tisserandèrie, paroisse de Saint-Jean-en-Grève, d'autre part ; lesquels, de l'avis des parents et amis ci-après nommés, savoir : Très haut et puissant seigneur M. Michel Letellier, chancelier de France, marquis de Barbezieux et autres lieux ; très haute et très puissante dame Elisabeth Turpin, son épouse ; M. François Mouret, advocat au Parlement, secrétaire du dit chancelier, frère de la dite demoiselle Mouret ;

_____

(1) Etat civil de la paroisse de Saint-Bonnet, canton de Barbezieux.

7

Claude Aymier, conseiller du Roi en la chambre des
Comptes à Paris, son oncle maternel ; François Ma-
nuel, chevalier, sieur de Farinville, gentilhomme de
feu S. A. R. le duc d'Orléans ; M. Barthélemy Ségonzac,
advocat au Parlement, etc., etc., ont reconnu avoir
arrêté en vue du mariage les accords et conditions qui
suivent :

« C'est à savoir la dite demoiselle Aymier, veuve du
sieur Mouret, avoir promis bailler et donner par nom
de loy de mariage la dite demoiselle Anne-Marguerite
Mouret, sa fille et de son dit feu sieur époux, au dit
Bernard Lamolère qui promet la prendre pour sa
femme et légitime épouse et en faire faire les solenni-
tés en face de notre mère Sainte Eglise catholique,
apostolique et romaine dans le plus bref temps que
faire se pourra. »

Les futurs époux adoptaient la communauté de
biens suivant la coutume de Paris, à l'exclusion des
dettes de l'un et de l'autre contractées avant le
mariage. Le futur époux prenait la future épouse
aux biens et droits à elle appartenant par le décès du
feu sieur son père et ceux qui lui appartiendront par
le décès de la dite dame sa mère. En avancement de
la succession de cette dernière les futurs époux rece-
vront la somme de 4.000 livres, savoir 3.000 en deniers
comptants et 1.000 en joyaux et meubles. Le futur
époux promet d'employer les 3.000 livres en achat
d'héritages ou de rentes. Ces 3.000 livres resteront
propres à la future épouse et aux siens de son côté et
ligne ; les autres 1.000 livres entreront dans la communauté.

Le douaire sera de 4.000 livres au cas où le futur
époux décéderait sans enfants ; au cas contraire il ne
sera que de l'usufruit des dites 4.000 livres. Le survivant des futurs époux prendra par préciput et avant

partage les meubles de la communauté qu'il voudra choisir. Il sera loisible à la future épouse et aux enfants nés du mariage de renoncer à la communauté et de reprendre ainsi l'apport de la demoiselle future épouse (1).

Au contrat était annexée la procuration de Jean Lamolère, père du futur époux, demeurant à Lauzerte, et de présent à Barbezieux en Xaintonge (*sic*) (2), remise à Etienne Lamolère, son fils, auquel il donnait le pouvoir de consentir au mariage de Bernard son autre fils, avec demoiselle Marguerite Mouret (3).

Dans les années qui suivirent, Bernard Lamolère joignit à son office de juge sénéchal à Barbezieux, celui de commissaire ordinaire des guerres. Le 11 novembre 1684, il passe, en cette qualité, la revue de deux compagnies du régiment de Konigsmark sur la place de Sarlat. Les noms des officiers de ce corps sont tous étrangers (4). (On sait qu'à cette époque le roi de France prenait à sa solde des régiments entiers levés à l'étranger.)

La carrière de Bernard semblait définitivement assurée lorsqu'elle se trouva brusquement compromise. Pour une cause qui nous est inconnue, il perdit sa situation dans le courant de l'année 1686. Le chagrin qu'il en éprouva se fait jour dans une lettre écrite à son père, de Calais, le 26 décembre 1686.

« Monsieur et très honoré père, je ne me suis pas

(1) Minute de Gallois, notaire à Paris, conservées en l'étude de Mᵉ Blanchet.

(2) Nous avons vu dans la notice sur les Lamolère du Quercy les motifs qui amenèrent Jean Lamolère à Barbezieux.

(3) Minutes de Dannau, notaire à Barbezieux.

(4) Renseignement donné par M. le Chevalier d'Achon.

donné l'honneur de vous écrire depuis mon départ de Barbezieux, de crainte de vous affliger encore par des lettres que je ne pouvais écrire que dans l'affliction dans laquelle je suis encore, quoyque beaucoup moins, à cause d'un employ assez bon que j'ai en ce lieu.

« Je ne scay si mon frère vous l'aura mandé, mais je va vous dire comme les choses se sont passées et comme elles sont. Je conduisis après mon départ de Barbezieux ma femme et mes deux filles à Paris en assez bonne santé ; dans ce même temps que j'y arrive, M. Paillet, qui estait receveur des traites en cette ville (Calais), et avait espousé une cousine germaine de ma femme, mourut. Sur l'avis de la maladie de cet homme, on avait parlé pour moy afin de me faire tomber cet employ, et quand je fus icy, M. Mouret agit encore plus fortement et se rendit caution, et mon frère aussy, pour moy de cette recepte chacun pour 12.000 livres, qui est 24.000 livres en tout.

« Sur cela cette affaire a réussi et je n'ay esté à Paris que quinze jours, si embarrassé que je n'ay pas eu le temps de me reconnaître, et c'est la véritable cause pour laquelle je ne vous ay pas escrit. Et d'abord que j'eus ma commission, il me fallut partir en diligence, et laisser ma famille à Paris, qui viendra icy dans peu ; mon employ est de 1.400 livres de gages et quelque casuel, le tout ensemble peut monter à 2.000 livres par an.

« J'ai eu une extrême répugnance à accepter cet employ parce que Mgr de Louvois donne des espérances de me remettre commissaire des guerres ; mais mon frère, la famille de ma femme et tous mes amis m'ont conseillé de l'accepter, sauf à le quitter si Mgr de Louvois se souvient de moy et me rappelle, comme il l'a promis à Mme la Chancelière, sa mère (Mme Letellier).

« Le temps nous rendra sçavant de tout et je pourrai attendre ce moment favorable sans m'achever de ruiner, car cette disgrâce m'a abismé.

« Il m'en couste plus de 4.000 livres et je suis entièrement à fond de cale ; c'est pour cela que je vous prie, mon très honoré père, de m'envoyer de l'argent.

« On m'a mandé de Barbezieux que Jacques y estait de retour et aurait dit que ma sœur estait arrivée auprès de vous en assez bon estat ; elle peut vous avoir dit l'estat déplorable où mes affaires sont réduites. Il est vray que je n'eus jamais tant besoin de secours que j'an ay présentement et vous pouvez m'envoyer de l'argent par lettre de change ou par M. Pergalié, s'il retourne à Paris.

« Je vous prie de me mander l'estat de la santé de ma sœur dont je suis en peine et de lui faire mes saluts.

« Si je n'avais jamais esté commissaire des guerres sous Mgr de Louvois, je m'estimerais fort heureux dans l'employ que j'ay. La recepte que j'ay se monte tous les ans à près de 200 mille livres ; je suis le chef et le premier de ceux qui sont employés à la levée et à la conservation de ces droits. Je suis dans une bonne ville qui est place de guerre sur le bord de la mer, le plus près de l'Angleterre, dont nous voyons la coste quand il fait beau temps et cette proximité faict que c'est icy le passage d'Angleterre le plus fréquenté, qui est la cause du négoce qui se fait icy ; Je suis très bien logé et pour rien.

« Je voudrais n'avoir jamais eu d'employ plus beau que celuy que j'ay, cela m'épargnerait bien des douleurs. Au bout du compte, il faut se résoudre à tout et vouloir ce que Dieu veut ; sa volonté soit faite en toutes choses.

« Je vous prie de faire part de cette nouvelle à mon frère aîné que je salue et toute sa famille.

« Je suis comme je dois, Monsieur, votre très humble et très obéissant serviteur et fils. Lamolère (1). »

L'emploi que Bernard remplissait à Calais était celui de directeur du bureau des traites. Nous avons vu plus haut, dans la lettre à son père, que n'ayant pas les fonds nécessaires pour faire la finance de sa nouvelle charge, il avait été cautionné par son frère Etienne et son beau-frère Mouret chacun pour 12.000 livres. Voici la reconnaissance de la caution fournie par François Mouret :

« Aujourd'hui sont comparus M. Bernard Lamolère, avocat en la cour, et Mlle Anne-Marguerite Mouret, son épouse, lesquels ont reconnu qu'à leur prière et pour leur faire plaisir, François Mouret, frère de la dite demoiselle, escuyer, conseiller secrétaire du Roy, maison couronne de France et de ses finances, interviendra caution pour le dit sieur Lamolère envers M. Jean Fauconnier, fermier général des fermes unies pour le maniement à faire de la recette des traites foraines et droits de la ville de Calais jusqu'à la somme de 12.000 livres seulement, et partant les dits sieur et demoiselle Lamolère s'obligent solidairement l'un pour l'autre et chacun d'eux seul et pour le tout à indemniser le dit sieur Mouret du dit cautionnement et faire en sorte que pour raison d'iceluy il ne soit en façon quelconque recherché ni poursuivi. Et au cas où la dite commission serait continuée au sieur Lamolère et que le sieur Mouret continue le dit cautionnement, les dits sieur et demoiselle Lamolère promettent, s'obligent de l'en acquitter et à tout ce que d'office ils obligent et hypothèquent tous et chacun de leurs biens meubles et immeubles.

(1) Papiers du Château de Feuillas, confisqués au moment de la Révolution et conservés à la Bibliothèque de Bordeaux.

« Signé : Lamolère, A. M. Mouret, Caillet et Gallois notaires (1). »

D'après la déposition de M. Pierre de Mouy qui fut l'un des témoins produits par Bernard Lamolère lors de sa requête pour être admis directeur de la monnaie de Bordeaux (2), il s'acquitta de sa fonction de directeur du bureau des traites à Calais avec honneur et exactitude. M. de Mouy, qui avait été chargé d'inspecter son bureau et ceux des provinces voisines, certifie sa bonne gestion.

Il résulte de la même déposition que Bernard alla occuper un emploi semblable dans un autre bureau, à Libourne, en Guyenne. Il s'y trouvait en 1692. Ce même acte nous fait connaître qu'il fut nommé, par la suite, directeur particulier de la monnaie de Nantes, lors de l'ouverture de cet établissement ordonnéc à l'occasion du nouveau travail de la réformation. Il y était en fonction en 1695 (3).

De la monnaic de Nantes, Bernard passa à celle de Bordeaux ; il y fut reçu en qualité de directeur particulier et trésorier par arrêt de la cour des monnaies en date du 16 octobre 1696 (4). Ses lettres de provision sont datées de Fontainebleau, du 14 octobre 1696. Il y est dit qu'au mois de juin précédent, il avait été créé, en chacune des monnaies du royaume, à titre formel et héréditaire, des offices de directeurs particuliers et trésoriers, pour régir les dites monnaies ; ces directeurs devaient jouir de gages et de certains droits et privilèges, entre autres du logement dans les hôtels des

(1) Minute de Gallois, notaire à Paris. Etude de M· Blanchet.
(2) Voir ci-dessous.
(3) Archives Nationales Z 1B 574.
(4) Archives Nationales Z 1B 574.

monnaies. Les émoluments des directeurs se composaient d'un traitement fixe de 1.800 livres et d'un tant pour cent sur les diverses opérations pratiquées à la monnaie.

Les lettres de provision désignent ensuite le sieur Lamolère, ses successeurs et ayants cause héréditairement pour régir la dite monnaie et prescrivent que les gens tenants de la cour des monnaies de Paris et les juges, gardes de la monnaye de Bordeaux, devront mettre le sieur Lamolère en possession et jouissance du dit office après l'information réglementaire (1).

L'information fut faite par le procureur général de la cour des monnaies. Les témoins dont les noms suivent se présentèrent : M. Simon Maignien, prêtre, abbé de Mégemont, aumônier de Mme la Dauphine, « lequel, après avoir mis la main *ad pectus,* a dit et déposé, de ce enquis, qu'il connaît le sieur de Lamolère depuis longtemps, sait qu'il est de la religion catholique, apostolique et romaine et de bonnes vie et mœurs, qu'il fréquente les sacrements, et l'a toujours connu pour homme d'une conduite sans reproche et bon serviteur du roi ». Le second témoin, M. Barthélemy Ségonzac, écuyer, conseiller secrétaire du Roi, maison couronne de France et de ses finances et avocat conseiller de Sa Majesté, déclara « connaître le sieur de Lamolère depuis longtemps, qu'il est d'une très bonne famille, qu'il a eu plusieurs emplois dont il s'est très bien acquitté, qu'il est de bonnes vie et mœurs, etc., etc. ». Le troisième témoin, Pierre de Mouy, avocat au parlement, dit « connaître le sieur de Lamolère depuis 1687 ; il sait que celui-ci a fait les fonctions de commissaire des guerres et de sénéchal à Barbezieux ; il l'a vu à Calais faisant l'emploi de

(1) Archives départementales de la Gironde.

directeur du bureau des traites avec honneur et exactitude, au cours d'une inspection dont il avait été chargé ; il dit qu'ensuite il a fait les mêmes fonctions dans un semblable bureau en Guyenne, et que depuis l'ouverture de la monnaie de Nantes, il y a tenu jusqu'à présent l'emploi de directeur particulier ; qu'il a toujours passé pour un fort honnête homme, ayant de très bonnes alliances, entre autres à Paris où il a pour beau-frère le sieur Mouret, secrétaire du Roy, etc. ». L'information se termine par ces mots : « Vu, je n'empêche le suppliant estre reçu à l'office dont il est pourvu en faisant le serment. Signé : Delafons, procureur général (1). »

L'enquête fut suivie d'un arrêt conforme de la cour des Monnaies (2), puis de l'acte d'installation par les juges gardes de la Monnaie de Bordeaux, Isaac Jouvenel et Jean David (3).

Bernard Lamolère exerça les fonctions de directeur particulier et trésorier de la Monnaie de Bordeaux jusqu'au 23 octobre 1710, date à laquelle il s'en démit au profit de Bernard Lamolère Sibirol, son neveu (4).

Il acquit pendant les mois qui suivirent une charge de conseiller secrétaire du Roy, maison couronne de France et de ses finances en la grande chancellerie ; nous l'en trouvons revêtu dans un acte du 24 janvier 1712 dont nous parlerons ci-dessous.

Nous ne saurions passer sous silence la grande part

---

(1) Archives Nationales. Section administrative et judiciaire.

(2) Archives nationales. Section administrative et judiciaire.

(3) Archives départementales de la Gironde.

(4) Voir plus loin les lettres de provision de Bernard de Lamolère Sibirol.

que prit Bernard Lamolère à la création de l'industrie
de la faïence à Bordeaux.

Vers l'année 1650 s'était introduite dans cette ville
la fabrication de la faïence suivant les procédés ita-
liens, fabrication qui avait parfaitement réussi à
Nevers dès l'an 1600. Il s'était formé par acte du
27 novembre 1711, à Bordeaux, une association pour
ce genre de produits entre M. Hustin, directeur et
trésorier des vivres de la Marine, et M. Fautier, faïen-
cier. M. Hustin apportait 7.000 livres ; M. Fautier les
outils, ustensiles, terres, etc.

Deux mois plus tard, le 24 janvier 1712, M. Hustin
apportait à l'association 5.000 livres de plus, ce qui
mettait son apport à 12.000 livres. Sur ces 12.000 livres,
6.000 furent fournies par M. Bernard Lamolère,
écuyer, conseiller et secrétaire du Roi, maison couronne de France et de ses finances, qui entrait ainsi
comme intéressé pour un quart dans la Société,
laquelle devait durer vingt années (1).

Un certain nombre d'avenants modifièrent successivement la situation, puis enfin le 20 juin 1712, le
sieur Fautier se retirait de la Société et recevait
1.000 livres d'indemnité ; les sieurs Hustin et Lamolère restaient seuls associés, chacun pour moitié, le
capital engagé était de 28.000 livres. Hustin demeurait
chargé de la direction de l'usine, Bernard Lamolère
ayant établi son domicile à Paris.

Mais celui-ci venait encore de temps à autre à Bordeaux, malgré son âge (il avait 70 ans) et la longueur du
trajet. C'est à la fin d'un de ces séjours, le 23 septembre 1715, que sur le point de retourner à Paris, il
donna procuration au banquier Nunes, de Bordeaux,

----

(1) Minutes de Faugas, notaire à Bordeaux, conservées dans
l'étude de M⁽ᵉ⁾ Duhau.

de verser à l'association une somme de 12.000 livres, moyennant qu'il serait constitué à son profit une rente annuelle et perpétuelle de 600 livres. Il était stipulé que, dans le cas où la dite rente ne serait pas payée pendant trois années, le créancier serait autorisé à se faire payer du principal de 12.000 livres et en outre des arrérages dus et existants (1).

Bien qu'absent de Bordeaux, Bernard Lamolère n'en suivait pas moins avec grande attention les affaires de la faïencerie. La preuve en est dans la correspondance active engagée entre lui et Hustin à partir du 5 octobre 1715.

Nous n'avons eu entre les mains que les lettres d'Hustin (2), mais elles suffisent pour nous faire apprécier le caractère de cette correspondance. Elles sont adressées à M. de La Molère l'aisné, Conseiller secrétaire du roi, dont le domicile fut d'abord rue des Prouvaires (probablement dans l'hôtel de son frère Étienne) et plus tard rue de Paradis.

Hustin y rend compte de la marche des affaires de la Société, des détails concernant le personnel et la fabrication. Il résulte des dires d'Hustin que la fabrication de la faïence de Bordeaux était arrivée à un haut degré de perfection ; « elle ne craint pas, affirmait-il, la comparaison avec celle de Lille et de Nevers et est presque aussi belle que celle de Rouen, de Delft et de Moustier. Tout le monde reconnaît, ajoute-t-il, la grande qualité où nous sommes parvenus aujourd'hui ; notre blanc et notre bleu sont admirables ; il ne faut pas beaucoup de travail pour que le rouge et l'or soient au même point. »

(1) Minutes de Faugas, notaire à Bordeaux.

(2) Nous devons la communication de ces lettres à l'obligeance de M. Rousselot, sous-archiviste de la ville de Bordeaux.

Mais il fallait compter avec le revers de la médaille, les embarras d'argent. Ces embarras sont si urgents que souvent Hustin ne sait pas comment payer les ouvriers. La vente laissait à désirer : elle allait à peine, au début de la correspondance, en 1715 et 1716 à 600 ou 800 livres par mois : c'est à peine ce qu'il fallait pour soutenir la faïencerie qui par conséquent ne donnait pas de bénéfices.

Dans la plupart de ses lettres Hustin demandait à M. de Lamolère de faire les démarches nécessaires pour faire aboutir certaines affaires qui lui étaient personnelles et certaines autres qui intéressaient l'usine.

Une des principales causes de la mévente était que la faïence payait un droit élevé (10 livres du cent) lorsqu'elle était vendue en dehors de la région bordelaise. Hustin prie son associé de profiter de son passage à Paris et des belles relations qu'il y possédait pour obtenir l'exemption de ce droit ou tout au moins le paiement d'un droit égal par les faïences étrangères de Rouen, Nevers, etc., lorsqu'elles seront vendues à Bordeaux. « De cette manière, dit-il, il y aurait des sommes considérables à gagner, et cela vaudrait la peine de faire un présent à quelque personne qui aurait assez de pouvoir pour faire aboutir notre demande. » Cette proposition d'Hustin, répétée plusieurs fois dans ses lettres prouve qu'il n'avait pas une haute idée de l'intégrité des fonctionnaires de son temps.

D'autre part, Hustin demande à Bernard de s'employer pour obtenir la confirmation du privilège accordé à la manufacture par Louis XIV et qui n'avait pas été confirmé par Louis XV ; cette confirmation était nécessaire pour empêcher les agissements de certains contrefacteurs.

En outre, en 1717, les intérêts de l'association furent mis en péril par un édit qui défendait de faire entrer en France l'étain et le plomb d'Angleterre, métaux indispensables à la fabrication de la faïence.

Bernard s'employa activement pour faire accueillir en haut lieu les réclamations d'Hustin. Il obtint d'abord assez rapidement la confirmation du privilège qui fut accordée par lettres patentes du 10 octobre 1718.

La levée de l'interdiction formulée par l'édit de 1717 ne se fit pas non plus longtemps attendre. Il est dit, à ce sujet, dans une ordonnance royale du 10 décembre 1718 que l'autorisation donnée à Jacques Hustin et à Bernard la Molère (*sic*) d'établir une manufacture de faïence dans la ville de Bordeaux, « autorisation confirmée par lettres patentes du 10 octobre 1718, les avait animés à s'appliquer au perfectionnement de leurs fayences, ce à quoi ils ont réussi, en sorte que les ouvrages et vaisselles qui sortent de cette manufacture sont aussi bons et aussi beaux que ceux qui viennent de Hollande, mais que depuis les défenses qui ont été faites de faire entrer en France de l'estaing et du plomb d'Angleterre, cette marchandise qui est absolument nécessaire pour faire la faïence est devenue si rare que les suppliants craignent d'être forcés de cesser leur travail, si on ne leur accorde pas la permission d'en faire venir d'Angleterre la quantité nécessaire pour l'exploitation de leur manufacture ». D'après l'avis des fermiers généraux et du sieur de Courson, intendant de Guyenne, il fut décidé qu'il serait permis aux suppliants de faire venir d'Angleterre à Bordeaux 10.000 livres d'estaing et 20.000 livres de plomb, en payant les droits accoutumés (1).

Quant à la question de la modération des droits de

(1) Archives Nationales : E. 916ᵇ, nᵒ 182.

sortie, elle fut plus difficile à régler : c'est seulement en novembre 1719 que M. de Lamolère obtint que la fayence ne payerait plus que 5o sols par quintal à l'entrée dans les cinq grosses fermes. Bien que cette concession parut insuffisante à Hustin, l'amélioration comparativement à l'état de choses antérieur était notable.

Il résulte des dernières lettres d'Hustin écrites en 1720 que la faïencerie avait fait de grands progrès à cette époque ; les procédés de fabrication avaient été perfectionnés ; on appliquait de nouvelles couleurs, on obtenait des pièces à la façon du Japon, l'emploi de l'or se faisait couramment ; aussi la réputation de la faïence bordelaise s'était-elle étendue et les bénéfices mensuels s'élevaient maintenant à 1.800 et même à 2.000 francs.

Cependant le produit net restait toujours insuffisant, et des difficultés s'étaient élevées à plusieurs reprises entre Bernard Lamolère et Hustin. Aux termes des traités faits lors de l'établissement de l'association, Hustin était tenu d'envoyer à son associé, pendant son absence de Bordeaux, un état du produit de chaque journée. Il n'avait pas, paraît-il, satisfait à cet engagement, non plus qu'à plusieurs autres stipulations du traité. Aussi le 2 janvier 1722, M. de Lamolère, n'ayant pu rien obtenir par les moyens de douceur, lui fait sommation de lui fournir dans le délai de huitaine, un état des marchandises fabriquées dans la manufacture. Le 28 juillet 1723, nouvelle sommation, les deux associés étant déjà en procès.

Dès lors les difficultés s'aggravèrent. Le 19 mai 1724, Bernard Lamolère, alors à Paris, demeurant rue de Paradis, paroisse de Saint-Jean-en-Grève, fait et constitue pour son procureur général et spécial, Jean-Baptiste Barret , écuyer, seigneur de la Tour-Ferrand, son gendre, demeurant à Bordeaux auquel il donne pouvoir de, pour lui et en son nom, faire rendre compte à Jacques Hustin de la régie et administration de la manufacture de faïence qu'ils ont établie à Bordeaux, et de conduire pour lui en son absence, l'intérêt qu'il a dans la dite manufacture.

La société constituée entre Bernard Lamolère et Jacques Hustin fut dissoute par acte du 24 mai 1727, passé devant Mᵉ Faugas et son collègue, notaires à Bordeaux.

Il fut convenu qu'il s'était présenté des raisons ne permettant pas aux sieurs Lamolère et Hustin de continuer la dite société et que, en conséquence, elle serait licitée.

La part revenant à M. de Lamolère fut évaluée à 44.000 livres, estimation qui fut acceptée par M. Barret de Ferrand, moyennant quoi le sieur Hustin fut mis et subrogé aux lieu, droit et place du sieur Lamolère.

Pour le paiement de cette somme de 44.000 livres, Hustin constitua au sieur Lamolère une rente annuelle et perpétuelle de 2.200 livres, payable de six mois en six mois à Paris, ou en la ville de Bordeaux, quand il y sera, en la maison du sieur Barret (1).

Pendant les dernières années de sa vie, Bernard Lamolère eut à s'occuper d'une affaire importante, celle de la succession de son beau-frère, Théodore Mouret, payeur de rentes, mort le 19 novembre 1723.

Théodore Mouret laissait deux héritiers : François Mouret, écuyer, conseiller secrétaire du Roi, son frère, et Anne-Marguerite Mouret, épouse de Bernard Lamolère, sa sœur. François Mouret décéda avant la liquidation de la succession et c'est son fils François-Etienne Mouret, ci-devant grand maître des Eaux et

---

(1) Minutes de Faugas, notaire à Bordeaux.

Forêts du Poitou, qui le représenta dans le partage du 20 septembre 1725. L'actif de la succession se montait à 155.280 livres plus deux actions de la Compagnie des Indes et le passif à 53.000 livres sur lesquelles 16.000 étaient dues aux époux Lamolère. Il leur revient donc après partage une somme de 59.140 livres fort importante pour le temps. Avant le partage, les héritiers, François Etienne Mouret et les époux Lamolère, pour satisfaire au désir verbal manifesté par le défunt, avaient délaissé 50 livres de rente perpétuelle au principal de 2.000 livres à l'Hôtel-Dieu de Paris et une rente annuelle de 100 livres à Madeleine Lamolère, fille de Bernard et religieuse au Couvent des Dames Chanoinesses régulières de la Ferté-Gaucher (1).

Bernard Lamolère mourut à Paris, à une époque qui ne nous est pas connue, mais qui est antérieure au 23 janvier 1729 ; car à cette dernière date, Madame Marie-Thérèse de Lamolère, fille de Bernard et épouse de M. J.-B. Barret, donne pouvoir à M. Moron, procureur général des Finances de Lyon, de faire apposer les scellés sur tous les effets de la succession de son père (2).

De son mariage avec demoiselle Anne-Marguerite Mouret, Bernard eut plusieurs enfants parmi lesquels nous nommerons :

1° Marie-Thérèse, née à Paris vers 1683, qui épousa, le 16 mai 1702, Jean-Baptiste Barret, avocat au parlement, en l'église Saint-Michel de Bordeaux, après célébration des fiançailles dans la même église (3). La famille Barret, d'une noblesse très ancienne, était

(1) Minutes de Caillet, notaire à Paris, conservées dans l'étude de M⁰ Blanchet.
(2) Minutes de Fournier, notaire à Bordeaux, conservées en l'étude de M⁰ Leuret.
(3) Arch. municip de Bordeaux. Série GG. Regist. 458.

originaire du comté de Cork en Irlande. Jean-Baptiste Barret, le mari de Marie-Thérèse, ayant accompagné le roi Jacques II en France, s'y était fixé et avait élu domicile à Bordeaux.

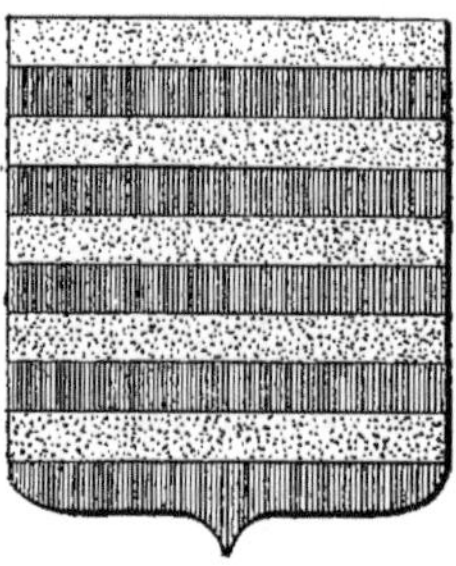

Armes des Barret de Ferrand.

Burrelé de dix pièces d'or et de gueules.

En 1622, Jean-Baptiste Barret se qualifie écuyer, seigneur de la Tour-Ferrand, et le 12 janvier 1730, nous le trouvons revêtu de la charge de conseiller du Roi, greffier en chef du parlement de Bordeaux (2).

C'était sans doute un homme intelligent, de beaucoup d'expérience et entendu en affaires ; car les parents de sa femme le chargèrent à plusieurs reprises de leurs intérêts.

Marie-Thérèse de Lamolère Barret de Ferrand testa le 20 juillet 1733 ; dans son testament elle nomme ses neuf enfants. Elle institue son fils aîné François-René-Joseph, son héritier général et universel ; à ses autres enfants elle lègue leur légitime telle que de droit tout en garantissant à ses filles leur dot, lors même qu'elle excéderait leur légitime. Elle prie son

(1) Riestap, T. 120.
(2) Minutes de Faugas, notaire à Bordeaux.

mari de faire exécuter ses volontés de point en point (1).

Marie-Thérèse décéda le 26 août suivant, âgée d'environ 50 ans et fut enterrée chez les Révérends Pères Cordeliers. Jean-Baptiste Barret mourut le 1er novembre 1739, à l'âge de 63 ans ; il fut également enterré chez les Pères Cordeliers, dans la sépulture de famille (2).

Thérèse de Lamolère et J.-B. Barret de Ferrand eurent de nombreux enfants.

a) François-René-Joseph hérita de son père, qui se démit en sa faveur, la charge de greffier en chef du Parlement de Guyenne. Nous avons vu que sa mère l'avait institué son héritier général et universel. Il se trouvait avoir ainsi une belle situation qui lui permit d'épouser, le 2 mars 1735, demoiselle Marie Denis, fille d'Etienne, président de la Cour des Aides de Guyenne. La dot de la future fut de 90.000 francs. François-René-Joseph décéda sans enfants : il avait laissé sa fortune, par donation entre vifs en date du mois de novembre 1753, à son frère Edme-Jean-Joseph, à l'occasion du mariage de celui-ci, sur lequel nous aurons à revenir, avec Marguerite-Jeanne de Lamolère, sa cousine germaine.

b) Anne Marguerite épousa André du Hamel, conseiller au Parlement de Bordeaux.

(1) Minutes de Faugas.
(2) Arch. municip. de Bordeaux, B. G., Reg. 469.

Armes des du Hamel.

D'azur, à un hameau composé de trois maisons d'argent, maçon-
nées de sable (1).

c) Charles Bernard Barret des Turpeaux, né le 3o octobre 1709, à Bordeaux. Les Turpeaux étaient une
maison noble appartenant à la famille Barret.

d) Marie-Madeleine-Angélique épousa, le 29 août
1728, Marie Léonard Guillaume de Brivasac, conseiller au Parlement de Bordeaux. La dot de la future
était de 5o.ooo livres (2).

Armes des Brivasac.

De gueules, à un cœur d'or en pointe, duquel sort un jet d'eau d'argent ; au chef d'azur, chargé de trois étoiles d'or (3).

(1) *Armorial général*. Guyenne, p 86.
(2) Minutes de Faugas, notaire à Bordeaux.
(3) *Armorial général*. Guyenne, p. 119.

e) Marie-Françoise épousa, le 2 septembre 1727, M. Pierre du Myrat, écuyer, conseiller au parlement de Bordeaux. La future épouse apportait 50.000 francs en dot (1).

Armes des du Myrat.

De sable, à un lion d'or, chargé d'un écu d'argent, surchargé d'un arbre de sinople sur une terrasse de même (2).

f) Edme-Jean-Baptiste, né en 1713 à Lille, est qualifié dans les actes écuyer, prévôt général de Guyenne, chevalier de l'ordre royal et militaire de Saint-Louis. Il épousa, le 31 décembre 1753, Jeanne-Marguerite de Lamolère, fille de défunt Charles de Lamolère, son oncle maternel et de Marie-Anne-Rose Chénier (3). La dot de la future épouse était de 80.000 livres (4). Du côté du futur, René-François-Joseph Barret, son frère aîné, lui faisait don entre vifs de tous ses biens, meubles et immeubles qu'il délaisserait après son décès, s'en réservant la jouissance pendant sa vie, ainsi que le

(1) Minutes de Faugas.
(2) *Armorial général*. Guyenne, p. 88.
(3) Voir ci-dessous Charles de Lamolère.
(4) Minutes de Séjourné, notaire à Bordeaux. (Archives départementales, Série E.)

droit de disposer de ladite jouissance en faveur de la dame Marie Denis, son épouse (1).

Edme-J.-B. Barret de Ferrand fut jugé par la commission populaire de Bordeaux sous le règne de la Terreur le 3 thermidor an II (21 juillet 1794). Il fut condamné à mort, comme ennemi du peuple, conspirant contre la république, entretenant des propos révolutionnaires, ayant peu de confiance dans les assignats, etc. (2), et exécuté le lendemain. Il avait 81 ans (3).

g) Guillaume-Bernard Barret de la Tour.

h) Albert-Hyacinthe de Saint-Albert.

i) André-Victor de Franccarnier. Ce nom de Franccarnier se retrouve parmi les ancêtres de Jean-Baptiste Barret.

Après cette digression un peu longue que nous nous sommes permise en raison de l'intérêt que présentent les alliances contractées par les filles de Thérèse de Lamolère, nous revenons à l'énumération des enfants nés du mariage de Bernard de Lamolère, avec Anne-Marguerite Mouret.

2° Noël-François, né à Libourne, le 24 décembre 1692. Il eut pour parrain M. François Mouret, conseiller secrétaire du roi, intendant de la maison de Madame la Chancellière Letellier et pour marrine (*sic*) Marguerite de Belcastel, femme de Jean Lamolère, lieutenant particulier, assesseur criminel au Sénéchal de Lauzerte en Quercy. Tous deux étaient absents et furent remplacés par Paul Deville et Philippe Large-

---

(1) Minutes de Séjourné, notaire à Bordeaux. (Archives départementales, Série E.)

(2) Extrait de l'*Histoire de Bordeaux*, par l'abbé O'Reilley, tome V.

(3) Etat civil de Bordeaux. Section centrale; n° 1847.

teau (1) Noël-François mourut à Bordeaux le 12 juillet 1706.

3° Madeleine-Françoise qui fut religieuse professe au couvent des Dames chanoinesses régulières de la Ferté-Gaucher ; nous avons vu plus haut que, le 10 avril 1724, elle reçut une donation de 100 francs de rente qui lui fut faite par son père et sa mère et par son oncle François Mouret, pour obéir aux dernières volontés de son autre oncle Théodore Mouret.

4° Charles, né le 15 mars 1695, à Nantes où son père était directeur de la monnaie. Il fut baptisé dans l'église de Sainte-Croix ; il eut pour parrain Charles Aymier, fils de Mre Claude Aymier, en son vivant conseiller du roi en la chambre du Trésor à Paris, et pour marraine Marie-Thérèse Lamolère sa sœur (2).

Charles Lamolère, devenu fils aîné de Bernard par la mort de son frère Noël, passa sa vie presque tout entière en dehors de Bordeaux, où l'on trouve à peine sa trace. Aussi ne le comprendrons-nous pas, malgré sa filiation, dans la lignée bordelaise ; nous rapporterons cependant ce que nous savons sur son existence mouvementée.

Au commencement de l'année 1719, Charles Lamolère partit pour les Iles, à l'imitation de nombreux habitants de Bordeaux qui avaient été chercher fortune au delà des mers et qui avaient réussi dans leur entreprise. Vers 1722, Charles Lamolère obtint du sieur Renard, directeur de la monnaie de Paris, le prêt d'une somme de 55.700 livres pour commercer sur mer. Ce prêt lui avait été fait sous la responsion (*sic*) de Jean-Baptiste Barret, seigneur de la Tour de

(1) Registre paroissial de l'Eglise Saint-Jean de Libourne, 1692 à 1699.

(2) Arch. municip. de Nantes, G. G. Registre de Saint-Pierre.

Ferrand, son beau-frère. Le 11 décembre 1722, Bernard Lamolère, écuyer, conseiller du Roi, maison couronne de France et de ses finances, se trouvant alors à Bordeaux dans la maison de M. Duhamel, conseiller au Parlement, donna garantie au sieur Barret de Ferrand, son gendre, pour la dette de son fils Charles. Il déclare savoir que c'est seulement à sa considération que M. de Barret avait répondu pour son beau-frère ; que, à cette cause, il approuve le dit prêt et responsion et que, il veut et entend que, si par événement le sieur Charles Lamolère n'acquitte pas sa dette en capital et en intérêts, le sieur Barret ait sa garantie et son indemnité après les décès du dit sieur Lamolère père et de la dame Mourret, son épouse ; à l'effet de quoi le sieur Lamolère père affecte et hypothèque dès à présent tous ses biens et ceux de sa dite épouse, eu égard à la portion qui reviendrait au sieur de Lamolère fils (1)

Charles Lamolère réussit-il dans ses tentatives, commerciales ? il semble en tous cas, que sa situation pécuniaire n'était pas brillante, tout au moins pendant les premières années ; car le 9 août 1727, son père fit établir un acte de substitution duquel il résulte que Charles Lamolère, son fils, n'aura que l'usufruit des biens qui doivent lui appartenir après la mort de ses père et mère. Ces biens seront transportés aux enfants à venir de Charles et défense est faite à celui-ci de les aliéner (2). La dernière phrase de cet acte semble indiquer que, en 1727, Charles était marié. Il épousa Marie-Anne-Rose Chesnier qui devait donner plus tard, suivant l'expression de son petit-fils Louis

(1) Minutes de Faugas, notaire.

(2) Archives Nationales. Série I, N° 50, folio 114.

de Lamolère, de nombreuses preuves de sa haute intelligence et de son grand cœur.

Le 12 janvier 1730, Charles Lamolère, écuyer, se trouvant à Bordeaux, en qualité d'héritier pour une moitié (1) de défunts M. Bernard de Lamolère et dame Anne-Marguerite Mouret, ses père et mère, étant sur le point de faire un voyage au long cours, fait et constitue son procureur général et spécial, M. Jean-Baptiste Barret de la Tour de Ferrand, son beau-frère, auquel il donne pouvoir de régir et gouverner tous ses biens et affaires en quels lieux qu'ils soient et sans exceptions (2).

Est-ce à cette époque ou antérieurement que Charles Lamolère, qui depuis plusieurs années déjà, ainsi que nous l'avons vu, se livrait à la pratique du commerce sur mer, s'établit à Saint-Domingue ? toujours est-il qu'il y créa une sucrerie, à deux lieues du Cap Français, au lieu dit le « Quartier Morin ». Cette sucrerie à laquelle il donna le nom de Lamolère devint rapidement florissante et grâce surtout à l'habile gestion de Mme de Lamolère, finit par rapporter des bénéfices considérables (3).

Il mourut dans son habitation de Lamolère en 1736 : nous possédons la copie de l'acte, en date du 27 octobre de cette année, portant nomination d'un tuteur à ses enfants mineurs. A la requête de Marie-Anne-Roze Chesnier, veuve du sieur Charles de Lamolère et tutrice de Marie-Anne-Roze, Marguerite-Jeanne et Jean-Baptiste de Lamolère, leurs enfants mineurs, par-

---

(1) Cette mention indique que, en 1730, il ne survivait plus des enfants de Bernard Lamolère que Charles et Mme de Barret.

(2) Minutes de Faugas, notaire.

(3) M. Louis de Lamolère cite le chiffre de 300.000 francs par an.

devant Claude de Clérambault, conseiller du Roy, sénéchal, juge civil et criminel du siège royal du Cap, sont comparus volontairement Mre Claude Pernay du Rocourt, major pour le roi du gouvernement du Cap, André de Latouche, Vincent de Lacombe, officier suisse, Alexandre Prost, Joseph Maignon, Joseph Chabert et Louis de Laforge, tous négociants et habitants du Cap, parents et amis des mineurs de Lamolère, à l'effet de délibérer et donner leur avis sur l'élection d'un tuteur *ad hoc,* qu'il convient de nommer aux dits mineurs de Lamolère pour défendre et soutenir leurs intérêts contre la demande et répétition de la dot et droits de la dite dame leur mère, et prendre qualité pour eux dans la succession de leur père. Le dit conseil de famille nomma à l'unanimité pour tuteur *ad hoc* le sieur de Lacombe, officier suisse. Celui-ci accepta volontairement cette charge et promit par serment, de s'en bien et fidèlement acquitter (1). Mme de Lamolère résidait encore au Cap en 1749, ainsi qu'il appert du testament de sa fille Marie-Anne Roze en date du 6 août de cette même année (2).

Elle ne tarda pas d'ailleurs à revenir habiter Bordeaux ; nous l'y trouvons le 27 novembre 1753, à l'époque du mariage de sa seconde fille, Jeanne-Marguerite avec Edme-Jean-Baptiste Barret de Ferrand. Celui-ci donna quittance à sa belle-mère, le 22 mai 1756, d'une somme de 40.000 livres à compte sur celle de 80.000 qu'elle avait constituée en dot à sa fille. La somme fut payée en 1.666 louis d'or de 24 livres, 3 écus de 5 livres et 20 sols (3).

---

(1) Minutes de Faugas, notaire. (Extrait des minutes du Greffe du Siège royal du Cap.)

(2) Voir ci-dessous.

(3) Minutes de Séjourné, notaire à Bordeaux, conservées aux archives départementales de la Gironde, série E.

Le 15 mars 1759, Mme de Lamolère acheta moyennant 30.000 livres, de Mre François-Auguste Dubosq, l'office de conseiller au parlement de Bordeaux, pour en faire jouir Jean-Baptiste de Lamolère, son fils (1). Nous reviendrons plus loin sur les dispositions prises à se sujet.

A l'époque à laquelle nous sommes parvenus, Mme Chesnier de Lamolère, déjà âgée, n'avait pas, depuis plusieurs années, fait le voyage de Saint-Domingue ; mais elle ne perdait pas de vue les intérêts qu'elle avait dans cette colonie. Le 27 décembre 1761, elle constitue pour son procureur général et spécial le sieur Castex, habitant la dite île de Saint-Domingue. Elle lui donne le pouvoir de régir en son nom, gouverner et administrer ses biens situés au Cap Français ; de prendre toutes les mesures nécessaires pour augmenter les établissements qu'elle y possède en transformant en raffinerie l'habitation du quartier Saint-Louis, et terminer les bâtiments déjà commencés par la dite dame ; de faire emplette des ustensiles et des nègres dont il sera besoin, tant pour l'habitation du quartier Morin, que pour celles des Fonds blancs et du quartier de Doudou ; de suivre tous les procès intentés à l'occasion des troubles causés à la dite dame par ses voisins, notamment par le sieur Damphoux ; de disposer de ses revenus suivant et conformément aux ordres qu'elle donnera. Dans le cas où le sieur procureur constitué n'aurait pas le temps de se désigner un successeur à la dite procuration, elle nomme d'avance à son lieu et place le sieur Labolle et à défaut de celui-ci le sieur Maître (2).

On peut juger d'après cette procuration de l'impor-

---

(1) Voir plus loin à l'article Jean-Baptiste de Lamolère.
(2) Arch départ. de la Gironde, Minutes de Bouars, notaire.

tance qu'avaient les propriétés de Mme de Lamolère et de la belle situation de ses affaires à Saint-Domingue,

Cette procuration est le dernier acte dans lequel paraisse Marie-Anne-Roze Chesnier de Lamolère. Elle était morte au mois de juin 1765, ainsi qu'il résulte d'une quittance remise le 11 de ce mois par M. Duboscq à Jean-Baptiste de Lamolère, son fils.

De son mariage avec Charles de Lamolère, Marie-Anne-Roze Chesnier eut trois enfants.

a) Marie-Anne-Roze, née en 1723 et morte de maladie à Bordeaux le 10 août 1749, après avoir légué l'usufruit de tous ses biens à sa mère, alors domiciliée à Saint-Domingue. Elle décéda dans la maison de Jean-Baptiste Barret de Ferrand, prévôt général de la maréchausée de Guyenne, son cousin germain, qu'elle avait désigné pour son exécuteur testamentaire (1).

Elle fut inhumée en l'église des Révérends Pères Cordeliers, dans la sépulture de la famille Barret, suivant le désir exprimé dans son testament (2).

b) Jeanne-Marguerite, qui épousa, le 31 décembre 1753, Mᵉ Edme-Jean-Baptiste Barret de Ferrand (3).

c) Jean-Baptiste qui suivra.

Bernard de Lamolère Sibirol.

Le véritable continuateur de la branche de Bordeaux est Bernard de Lamolère Sibirol, fils de Jean Lamolère, conseiller du Roi, lieutenant parti-

(1) Minutes de Séjourné, notaire à Bordeaux.
(2) Arch. municip. de Bordeaux, Série GG., Reg. 472.
(3) Voir ci-dessus.

culier et assesseur criminel au sénéchal de Lauzerte et de Marie de Pradier, et neveu de Bernard Lamolère, le premier directeur de la monnaie de Bordeaux.

Bernard de Lamolère naquit à Lauzerte le 30 novembre 1678, et eut pour parrain Bernard, son grand-oncle, curé de Sainte-Anne du Puy en Bazadais.

Le nom de Sibirol qu'il ajouta au sien est celui d'une terre voisine de Lauzerte qu'il hérita de son père.

Vers l'âge de vingt-cinq ans il fut appelé à Bordeaux par son oncle Bernard Lamolère, alors directeur de la monnaie de cette ville. Dans un bail passé en sa présence, le 10 avril 1704, par Mademoiselle Madeleine Lamolère, sa tante, il est qualifié employé à la monnaie de Bordeaux (1). Sur d'autres actes en date de 1705 et 1706, il est dit commis à la direction de la dite monnaie. En 1707, il est chargé, probablement à titre provisoire, de la direction du même établissement (1).

Peu de temps après il obtenait la direction de la monnaie de Bourges et le 22 décembre 1710, il succédait à son oncle comme directeur de la monnaie de Bordeaux.

Ses lettres de provision sont datées de Versailles, le 16 novembre 1710. Il y est dit que Bernard de la Molère (*sic*), avocat au Parlement de Bordeaux et directeur de la monnaie de Bourges, a obtenu l'office de conseiller du Roy, directeur particulier et trésorier de la monnaie de Bordeaux, créé par l'édit du mois de juin 1696, office tenu et exercé précédemment par Bernard de la Molère, son oncle, dernier possesseur. Celui-ci s'en était volontairement démis au profit du dit de la Molère, son neveu, par acte du 23 octobre précédent, le nouveau possesseur ayant payé la

(1) Extrait des minutes de Faugas, notaire à Bordeaux.

finance pour jouir du dit office à titre de survivance.

Le dit office demeurait, suivant l'usage, affecté et hypothéqué au débet des comptes du dit de Lamolère, dernier titulaire. Ajoutons que, dans les documents qui sont en notre possession, rien ne fait présumer que celui-ci ait laissé aucun compte en débet à la suite de son administration.

Les lettres de provision obtenues, Bernard adressa suivant la règle une supplique aux membres de la cour des Monnaies. L'enquête réglementaire fut ordonnée, enquête dans laquelle Bernard eut pour témoins : Matignon de Froment, ancien capitaine au Régiment de la Reine, demeurant rue Saint-Jacques de la Boucherie, à Paris ; Jean de Loubes, conseiller du Roi, trésorier de France à Bordeaux, demeurant rue du Four, paroisse Saint-Eustache, à Paris, et Mre Pierre Rouges, prêtre du diocèse de Cahors, habitué de la paroisse Saint-Paul de Paris, demeurant rue des Prêtres, sur la même paroisse. Tous trois témoignèrent que Bernard était de bonnes vie et mœurs et fort affectionné au service du Roi ; Mre Pierre Rouges ajouta qu'il l'avait vu fréquenter les sacrements de pénitence et d'eucharistie.

A la suite de l'enquête, le procureur général près la cour des Monnaies donna la formule ordinaire : « Je n'empêche pour le Roi le dit de la Molère être reçu en l'état et office de directeur particulier et trésorier de la monnaie de Bordeaux en prêtant le serment requis et accoutumé. Signé : Delafons. » Par délibération de la cour des Monnaies du 22 décembre 1710 Bernard de Lamolère fut admis à prêter le serment et reçu dans l'office qui lui avait été conféré (1).

Bernard de Lamolère épousa, le 11 janvier 1711,

(1) Archives Nationales Z 1^B 576.

à la Rochelle, en l'église de Saint-Jean, demoiselle Louise Lebert de Saint-Paul, fille de feu Louis Lebert, écuyer, sieur de Saint-Paul, et de feue demoiselle Louise Grignon. Assistèrent à la cérémonie nuptiale, Mre Jean Donat, conseiller du Roi, directeur et trésorier de la monnaie de la Rochelle, beau-père de l'épouse, Jacques Louis Lebert, écuyer, sieur de Saint-Paul, son frère, Jeanne Lebert, sa sœur, Emmanuel Chevalier, marquis de Maupeou, capitaine de vaisseau du Roi, Pierre Guichot, officier d'artillerie, etc (1).

Le contrat avait été signé la veille devant Michau et Marchand, notaires à la Rochelle. Le père du futur époux, Jean de Lamolère, avait donné sa procuration à Mre Jean Donat, cité plus haut, son neveu ; il nomme et élit le dit sieur futur époux en l'hérédité de demoiselle de Pradier, sa défunte mère, et lui donne en outre la moitié de tous et chacun de ses biens présents et à venir, sous condition du payement de la moitié des charges. Enfin il institue le dit futur époux son héritier en tous et chacun de ses biens, sous la réserve de payer 2.000 livres immédiatement et 2.500 livres dans deux ans pour la constitution de la dot de demoiselle Jeanne de Lamolère, sa sœur ; pour permettre au futur époux de supporter les charges du présent mariage, il lui baille et délaisse la métairie de Valois, se réservant la jouissance de Sibirol, et de la maison qu'il habite en la ville de Lauzerte, pour sa vie ; en outre la demoiselle Marguerite de Belcastel, son épouse, en cas qu'il la précède, jouira de la moitié de la maison de Lauzerte pendant sa vie.

Quant à la future épouse, elle se mariait en tous ses droits mobiliaires et immobiliaires (*sic*) provenant de la succession de ses père et mère et de celle de Jac-

---

(1) Etat civil de la Rochelle : année 1711.

ques Leber de Saint-Paul, son aïeul paternel (1).

Le 25 mai 1713, Jean Lamolère, alors domicilié à Bordeaux, reconnaissait devant notaire avoir reçu de Bernard Lamolère, son fils, en bonnes espèces d'argent, tous les gains et profits qui ont et peuvent avoir été faits par le dit sieur son fils pendant tout le temps qu'il est resté sous sa puissance paternelle et jusqu'à ce jour. Il s'en tient pour content et satisfait et lui en octroye quittance finale et générale (2).

Le 18 juin suivant, Jean Lamolère reconnaît, toujours devant notaire, devoir à son fils Bernard émancipé judiciairement, la somme de 4.000 livres pour raison de tous prêts faits avant les présentes. La dite somme de 4.000 livres sera payée soudain le décès arrivé (*sic*) du dit sieur Lamolère et de demoiselle de Belcastel, son épouse, et non plus tôt, sans intérêt (2).

Il y a lieu de penser que Bernard de Lamolère prenait les précautions dont il s'agit en vue des difficultés, qui pouvaient se produire au décès de son père, alors âgé de 70 ans. On se rappelle que celui-ci testa le 21 juin de cette même année 1713 et mourut le 18 juillet 1715 (3).

La fortune de Bernard de Lamolère s'augmentant de jour en jour lui permit d'acheter, au mois de septembre 1722, la maison noble de Feuillas. Ce domaine mis aux enchères à la requête de demoiselle Ducoing, veuve de M. Léonard Laroze, greffier en l'élection de Guyenne, au préjudice de feu messire Helies de Vigueras, conseiller au parlement de Bordeaux, fut adjugé à M. de Lamolère Sibirol par arrêt de parlement en date du 7 septembre 1722, après une

(1) Minutes de Marchand, notaire à la Rochelle.
(2) Minutes de Faugas.
(3) Voir plus haut.

dernière surenchère de 4.5oo livres, qui porta le prix d'acquisition à 5o.ooo livres (1). Le 10 du même mois, M. Pierre Durousseau, procureur au parlement de Bordeaux, recevait la procuration nécessaire pour prendre possession de Feuillas au nom de M. de Lamolère (2).

Le château de Feuillas, ainsi nommé à cause des grands arbres qui l'entouraient, s'appela dès lors Lamolère ou Sibirol, du nom de son nouveau propriétaire. Situé au nord de la commune de Florac, sur la croupe arrondie de ses derniers coteaux, le château de Feuillas se compose d'un long rectangle à un seul étage isolé de toutes constructions ; à peu de distance se trouvent des servitudes, logements de colons, chais, serres, orangerie, écuries, remises, etc. Tout autour s'étendent des jardins anglais, de vastes pelouses, des massifs de fleurs et de verdure, des allées courant en tous sens sur la cime et les flancs du coteau, parmi de grands chênes et de beaux ormes.

De ce coteau la ville de Bordeaux, son port et sa rade offrent un spectacle magnifique. Le château de Feuillas avec ses alentours grandioses et sa vue splendide forme une des plus belles habitations du canton (3).

Au commencement du xviᵉ siècle la maison noble de Feuillas appartenait à la famille de Verteuil qui en était encore propriétaire en 1662. A cette maison étaient attachés les droits et privilèges des fiefs nobles. Le 16 mai 1726, M. Pierre Brochon, avocat au parlement, rend foi et hommage à Bernard de Lamolère pour une pièce de terre appelée au Passarieu. Autre

(1) Archives départementales de la Gironde. Série B.
(2) Minutes de Faugas.
(3) *Châteaux de la Gironde*, par Guillon, t. III (1868).

CHATEAU DE FEUILLAS OU LAMOLÈRE (1722)

avcu, le 19 du même mois, pour le moulin de Crou-
zelles en Cypressac (1).

Le domaine de Feuillas n'était pas le seul que pos-
sédât M. de Lamolère Sibirol. Outre les terres qu'il
avait héritées de son père aux environs de Lauzerte,
il était encore seigneur de la maison noble de Guimps,
dans les environs de Barbezieux, de celle d'Orville
et de celle d'Auvignac, près de Pons (Saintonge). Il
donne à bail les domaines d'Orville et d'Auvignac par
acte du 8 juin 1723 à Pierre Saint-Amand, marchand,
demeurant à Auvignac, pour cinq années moyennant
2.200 livres par année (2). Il donne à bail la seigneurie
de Guimps, par acte du 24 mai 1725 à Marot, marchand et changeur pour le Roi, demeurant à Barbezieux, pour cinq années moyennant 2.000 livres par
année (3).

Au milieu des jouissances que lui apportait sa belle
situation, Lamolère n'oubliait pas de faire du bien à
ceux qui l'entouraient. Le 30 janvier 1723, il signait
au contrat de mariage de Antoine Cassaigne, bourgeois et maître perruquier de Bordeaux, et de Marie-
Magdeleine Lafontaine, native de Barbezieux. Il faisait don à cette dernière de 2.000 livres en récompense
des services rendus par elle aux sieur et dame de
Sibirol et à leur famille, depuis qu'elle était dans
leur maison (4).

Nous avons vu plus haut (5) que Jean de Lamolère,
en qualité de patron de la chapellenie de Laval, en
avait conféré la possession, pour en faire le service et

(1) Arch. municip. de Bordeaux, Fonds Drouyn, t. 39.
(2) Minutes de Faugas.
(3) Minutes de Faugas.
(4) Minutes de Faugas.
(5) Voir la notice sur les Lamolère du Quercy.

jouir des droits et revenus y attachés, à André de Cazelles, prêtre du diocèse de Cahors.

A la mort de celui-ci, Bernard devenu, par héritage, patron de la dite chapellenie, en conféra, le 20 mai 1727, la possession à Mre Jean Montet, aussi prêtre du diocèse de Cahors, et successivement le 20 janvier 1732 à Mre François Campagnac, prieur de Floressac, le 12 septembre 1744 à Mre Pierre Dupont, prêtre à Lauzerte et enfin le 27 août 1748 à Mre Jean Etienne Denthon, curé de Villebourbon, du diocèse de Cahors (1).

M. de Lamolère avait aussi, comme seigneur de Guimps, conféré par acte du 23 septembre 1730, les chapellenies de Saint-André et de Notre-Dame fondées dans l'église paroissiale de Saint-Pierre de Guimps et devenues vacantes par le décès de Mre Fonthresse de Laroche, précédent titulaire, à Mre Jean Mesnard, prêtre curé du dit Saint-Pierre de Guimps (2).

A l'époque à laquelle nous sommes parvenus, Bernard de Lamolère Sibirol paraît arrivé au point culminant de sa carrière. Il y met le couronnement en se faisant recevoir bourgeois de la ville de Bordeaux. Il prêta serment en cette qualité le 3 juin 1733 devant MM. Galatheau, Dessudiès et de Kater, jurats, Maignol, procureur syndic, et Dubosc, secrétaire ordinaire de la ville (3).

Le titre de bourgeois de Bordeaux était des plus recherchés ; le livre de jurade fait figurer comme tels les plus notables seigneurs du pays. Bernard de Lamolère y est inscrit avec les qualifications de messire et écuyer.

(1) Minutes de Faugas.
(2) Minutes de Faugas.
(3) Registre des Lettres de bourgeoisie de Bordeaux xviiie siècle ; n° 715.

Bernard faisait des voyages assez fréquents et probablement d'une certaine durée pour ses affaires. Il semble même que l'on soit autorisé à se demander, bien que nous ne possédions aucune pièce affirmative à ce sujet, s'il n'avait pas quelques intérêts aux Colonies. Nous savons, en effet, que son cousin germain Charles Lamolère était établi à Saint-Domingue et nous verrons que tous les fils de Bernard Sibirol passèrent successivement en Amérique.

Quoi qu'il en soit, nous trouvons aux dates du 8 janvier 1737 et du 31 juillet 1739, deux procurations par lesquelles, sur le point de faire un voyage où ses affaires l'appellent, il constitue dame Louise Leber, son épouse, pour régir et gouverner tous ses biens et affaires, défendre tous ses procès, etc. (1). Mme de Lamolère Sibirol décéda à Bordeaux le 25 janvier 1743, à l'âge de 52 ans, et fut ensevelie en l'église Saint-Pierre (2).

Après la mort de sa femme, Bernard maria, ainsi que nous le verrons ci-après, deux de ses filles qui n'étaient pas encore pourvues. Il fit aussi quelques actes d'administration parmi lesquels nous citerons le renouvellement d'un droit de banc dans l'église de Floirac.

Le 9 août 1747, noble Bernard Lamolère de Sibirol, seigneur du château de Feuillas, obtint de Mgr l'archevêque de Bordeaux, concession d'un droit de banc dans l'église de Floirac, dans la nef, contre le pilier, sous la chaire, place que les anciens seigneurs de Feuillas avaient toujours occupée (3). Ce droit fut payé 90 livres ; cette somme avait été versée antérieurement à Jean Brousta et Pierre Balan, tous

(1) Minutes de Faugas.
(2) Archives municipales de Bordeaux. Série G. G. Reg. 553.
(3) Archives départementales de la Gironde. Série G. tome 2.

deux vignerons, membres de l'œuvre et fabrique de la paroisse de Floirac, qui reconnaissent l'avoir reçue le 6 août 1747, devant Faugas, notaire à Bordeaux (1).

Au cours de l'année 1751, M. de Lamolère, âgé de 73 ans, décida de quitter Feuillas, où il se trouvait un peu isolé, pour aller habiter Bordeaux. Le 11 août 1751, il afferma pour une année, au sieur Pierre Barbot, bourgeois de Bordeaux, la maison noble de Feuillas, consistant en deux métairies, celle de Naudin-Bernard et celle de Feuillas, terres labourables, vignes. prés, vaisseaux vinaires, etc., avec le logement dans le vieux bâtiment, M. de Lamolère se réservant les appartements et bâtiments neufs jusqu'à ce qu'il puisse se loger à Bordeaux, le tout moyennant le prix de 1.500 livres pour la dite année. En outre, il vend et délaisse au dit Pierre Barbot, les bestiaux, barriques de vin et fourrages existant dans la métairie, moyennant la somme de 1.000 livres. Le même jour, Bernard Lamolère vendit à Jean Durel, marchand tapissier à Bordeaux, les meubles, ustensiles et effets garnissant le château de Feuillas.

Parmi les objets énumérés dans l'acte, on peut remarquer surtout un grand nombre de plats et d'assiettes en étain, beaucoup de pièces de tapisserie d'Aubusson reléguées dans les greniers et une grande quantité de linge. Les meubles vendus sont tous de première nécessité ; et s'ils dénotent un état de maison assez large, ils révèlent d'autre part une grande simplicité que l'on ne retrouverait plus aujourd'hui même dans les maisons modestes. Le tout fut cédé pour 3.260 livres.

Huit mois après, le 18 avril, M. de Lamolère était encore à Feuillas ; il rachète au sieur Louis-Pierre Bar-

____

(1) Minutes de Faugas.

bot tous les bestiaux, outils et ustensiles qu'il lui avait vendus, moyennant le reversement de la somme de 1.000 livres qui lui avait été payée (1).

Bernard Lamolère fut appelé, en 1753, à faire la preuve de sa noblesse, en conséquence des arrêts de la Cour des Aydes en date des 3 septembre 1738, 1er septembre 1742 et 9 décembre 1752. Il se fit représenter à cet effet par son plus jeune fils, Jean Lamolère d'Auvignac. Celui-ci comparut le 28 avril 1753 au secrétariat du Procureur général du Roi en la Cour des Aydes et Finances de Guyenne où il déposa les six pièces justificatives suivantes :

1° La nomination, en date du 19 septembre 1713, faite au roi par M. Phelipeaux, chancelier de France, de la personne de M. Jean Lamolère pour la charge de grand secrétaire en la chancellerie près de la Cour des Aydes de Bordeaux.

2° Une quittance, datée du 19 octobre 1713, du marc d'or payé par le sieur Jean Lamolère pour la dite charge.

3° Les provisions accordées par le feu roi Louis XIV à Jean Lamolère pour le même office ; les dites provisions datées de Versailles, le 22 octobre 1713 ;

4° L'extrait mortuaire de Jean Lamolère, décédé à Lauzerte le 18 juillet 1715 ;

5° L'extrait de baptême de Bernard Lamolère de Sibirol, fils de Jean, daté de Lauzerte le 30 novembre 1678 ;

6° Une quittance du trésor des revenus casuels de la somme de 10.000 livres payées par le sieur Bernard Lamolère de Sibirol en date du 24 novembre 1718.

Toutes ces pièces furent restituées le 16 août 1753 à M. de Lamolère.

____

(1) Minutes de Faugas.

On trouve encore un acte d'administration de Bernard de Lamolère en date du 18 juin 1757. Par cet acte il donne à bail à Jean Duvalon, dit Duval, boucher habitant la paroisse de Floirac, la métairie de Naudin-Bernard, dépendance du domaine de Feuillas. Il est dit dans l'acte que sur la métairie il n'y a ni bestiaux, ni charrettes et que les terres ont été négligées.

Le preneur s'engage à y mettre deux paires de bœufs ainsi que les vaches et brebis nécessaires pour avoir du fumier. Le bail est fait moyennant 350 livres par an (1). L'acte est signé par M. de Lamolère d'une main tremblante.

Bernard de Lamolère Sibirol mourut le 12 novembre 1757, au château de Feuillas, âgé de près de 80 ans, sans avoir eu le temps de recevoir les Sacrements. Il fut inhumé le lendemain, dans le caveau de la chapelle Saint-Jean, en l'église de Floirac (2).

La fin de la vie de Bernard de Lamolère semble avoir été assez sombre : ses filles étaient mariées ou au couvent, ses fils étaient en Amérique. Il se trouvait donc à peu près abandonné à un âge ou il aurait eu besoin d'être entouré. Ses affaires s'étaient ressenties de cet abandon ; nous avons pu en juger d'après l'état dans lequel se trouvait la métairie de Naudin-Bernard l'année même de sa mort.

Une préoccupation plus grave vint d'ailleurs attrister ses derniers moments. Les comptes qu'il avait rendus comme directeur particulier et trésorier de la monnaie de Bordeaux s'étaient trouvés en déficit. Il est probable qu'on laissa dormir l'affaire

(1) Minutes de Faugas.
(2) Archives municipales de Floirac. Série GG.

pendant un certain temps ; en effet c'est seulement dix ans après la mort de M. de Lamolère, le 28 février 1767, que M. Langlois, intendant des finances à Bordeaux, écrivit la lettre suivante à l'intendant de Paris : « Monsieur, le feu S. Lamolère Sibirol, ci-devant directeur de la monnaie de Bordeaux, est resté redevable d'une somme d'environ 5.000 livres envers le roi, dont il est intéressant de faire le recouvrement et la poursuite. J'ai besoin pour ordonner des procédures régulières, de connaître par nom, surnom, qualité et demeure, chacun des héritiers du dit sieur Lamolère Sibirol.

« Je vous prie de vouloir bien vous en faire informer et me faire passer le plus tôt possible tous les renseignements que vous vous serez procurés (1). »

M. Langlois reçut dès le 1ᵉʳ avril suivant les renseignements demandés.

Nous verrons les suites de cette affaire lorsque nous aurons à nous occuper des enfants de Bernard Lamolère. Mais nous avons le regret de dire dès maintenant que les poursuites entamées contre la succession de M. de Lamolère aboutirent à la saisie et à la mise en adjudication de la maison noble de Feuillas et des biens situés dans la sénéchaussée de Lauzerte.

Nous verrons aussi plus loin que tous ces biens furent rachetés par Jean-Baptiste de Lamolère, cousin issu de germain de Bernard.

Du mariage de Bernard de Lamolère Sibirol avec Louise Leber de Saint-Paul naquirent de nombreux enfants :

1º Jean, né le 17 juin 1713, fut baptisé le lendemain en l'église Saint-André. Parrain, M. Jean de Lamo-

(1) Archives départementales de la Gironde, C. 2406.

lère, secrétaire audiencier en la chancellerie de la Cour des Aydes de Bordeaux, aïeul paternel ; marraine, demoiselle Jeanne Leber, tante maternelle de l'enfant.

Nous ne savons que peu de choses sur Jean de Lamolère,

Le 21 mai 1758, accompagné de ses frères, Guillaume, Jean-Baptiste, Joseph et Jean, il représenta les lettres de bourgeoisie de leur père décédé ; ils furent tous les cinq reçus bourgeois de Bordeaux l'année suivante. Jean quitta Bordeaux en 1759, pour aller habiter Paris, rue des Fossoyeurs, paroisse Saint-Sulpice. C'est de cette ville qu'est datée la procuration qu'il donna le 9 janvier 1759 à son frère Jean Lamolère d'Auvignac, à l'effet de vendre une maison dont il était propriétaire à Lauzerte. Cette maison fut vendue à M. Jean Dupeirier, avocat au parlement moyennant le prix de 1.200 francs qui furent conservés par Jean d'Auvignac, ainsi qu'il y avait été autorisé par son frère, en déduction de ce que celui-ci lui devait pour sa légitime dans la succession de leurs père et mère (2). Jean de Lamolère décéda aux Ardouins, dans la maison de son frère Guillaume, le 6 août 1772, après avoir reçu les derniers sacrements de pénitence et d'extrême-onction. Il fut enterré le lendemain, dans l'église de Saint-Vivien de Lafosse (3).

2° Marguerite-Louise, née le 23 mai 1714, fut baptisée le lendemain dans l'église Saint-André ; parrain, sieur Jean Donat, secrétaire du Roi, directeur de la monnaie de la Rochelle, et à sa place, sieur Jean

(1) Archives municipales de Bordeaux, Série GG. Reg. 64.
(2) Minutes de Faugas.
(3) Archives municipales de Lafosse (Gironde). GG 2.

Dupeiron ; marraine, Marguerite de Belcastel, veuve de Messire Jean de Lamolère, grand'mère de l'enfant et à sa place, Isabeau Liquart. Marguerite-Louise épousa, le 22 mars 1736, M. Pierre Dupérier, seigneur de Lislefort, écuyer, fils de feu Messire Alexis Dupérier de Lislefort et de dame Jeanne Lauvergnac, habitants de la paroisse du Lignan.

Armes des du Périer.

La cérémonie des fiançailles fut célébrée le 17 mars, dans l'église Saint-Pierre de Bordeaux, et celle du mariage le 22 du même mois, dans l'église de Floirac, après dispense de deux bans et de la défense du temps prohibé (2).

Le contrat avait été passé le 11 mars 1736, devant Cassaigne et Faugas, notaires à Bordeaux. Mlle de Lamolère apportait en mariage tous les biens et droits qui pouvaient lui advenir de ses père et mère

---

(1) Père Anselme, continué par Potin de Courcy, t. IX, 2ᵉ partie, p. 730.

(2) Archives municipales de Floirac.

et une pention (*sic*) annuelle de 5oo livres pour aider à supporter les charges du mariage.

En outre sa tante Jeanne Lebert de Saint-Paul, veuve de Messire Guillaume de Labrousse, conseiller du roi et président au présidial de Sarlat, lui faisait une donation de 10.000 livres. Du côté du futur époux, Mme de Lauvergnac, sa mère, lui cédait tous ses droits présents et à venir, sous réserve d'une somme de 3oo livres et moyennant qu'elle sera logée et entretenue dans la maison qu'elle avait coutume d'habiter avec son fils futur époux. Elle lui cédait aussi tous ses droits de jouissance sur les biens délaissés par le sieur Dupérier père.

D'autre part, les oncles du dit époux, MM. Alexandre et Raymond Dupérier, tous deux prêtres, et sa tante, demoiselle Marie-Guionne Dupérier de l'Isle-fort, lui faisaient donation entre vifs de tous leurs biens, sous réserve par cette dernière qu'elle sera logée et nourrie dans la maison de son neveu, comme elle avait coutume de l'être jusqu'à ce jour. Tous ces dons étaient évalués à 14.000 livres (1).

La famille du Périer à laquelle s'alliait Marguerite Louise, se rattachait à celle des du Périer de Bretagne et comptait parmi les plus anciennes et les plus illustres ; elle remontait à 98o.

L'antique château de l'Islefort, dans la commune de Lignan, bâti dans l'un des plus beaux sites que l'on puisse rêver, était entouré d'un immense domaine (2).

Pierre Dupérier mourut le 8 janvier 1765, âgé de

(1) Minutes de Faugas.

(2) Monographie de Lignan (Gironde), par M. l'abbé Marcel Lacave, curé de Lignan. Archives de la commune de Lignan. Série GG.

64 ans et fut enseveli dans l'église de Lignan (1). Sa veuve mourut le 30 mai 1792, âgée d'environ 78 ans, dans la commune de Pompignac (Gironde), où elle s'était retirée et où elle fut ensevelie (2).

3° Madeleine-Thérèse, née le 12 avril 1716, fut baptisée le surlendemain dans l'église Saint-André. Elle eut pour parrain Jacques-Louis Leber de Saint-Paul, écuyer, son oncle, et pour marraine demoiselle Madeleine Lamolère, sa tante, remplacée par demoiselle Thérèse Materro (3). Elle épousa, le 17 juin 1744, messire Barthélemy-Sulpice de Gaulejac, seigneur de Toule, Bonnafoux, Vivinières et autres lieux, conseigneur avec le roi du lieu de Marminhac, fils majeur de feu messire Joseph de Gaulejac et de dame Marie-Anne Dupont, de la paroisse de Marminhac, diocèse de Caors (*sic*), demeurant à son château de Bonnafoux en Quercy.

Le contrat fut signé le 31 mai 1744. La dame Dupont, représentée par messire Jean de Massau, chevalier, seigneur de Cléraut et de Goudon, constituait à son fils, futur époux, sous certaines réserves, tous ses biens, meubles et immeubles présents et à venir. La future épouse recevait de ses père et mère une pension annuelle de 500 livres et dame Jeanne Leber de Labrousse, sa tante, lui assurait une somme de 10.000 livres, payable à son décès, sans intérêts (4).

Les fiançailles ayant été célébrées dans l'église Saint-Pierre de Bordeaux, la bénédiction nuptiale fut impartie aux jeunes époux, dans la chapelle domes-

(1) Monographie de Lignan (Gironde), par M. l'abbé Marcel Lacave, curé de Lignan.

(2) Archives de Pompignac. Série GG.

(3) Archives municipales de Bordeaux, GG, registre 66.

(4) Minutes de Faugas.

tique du château de Feuillas, après permission, par messire Albert-Hyacinthe-Michel Barret, bachelier en Sorbonne, prieur commendataire de Notre-Dame de Longpont, commis à cet effet ; en présence de messire Lamare, vicaire de Saint-Pierre, Amand, curé de Floirac, etc., etc. (1).

La famille de Gaulejac, dans laquelle entrait Madeleine-Thérèse, était de très ancienne noblesse, alliée aux Turenne, aux Baudus, aux Forien, etc., les meilleures familles du pays (2).

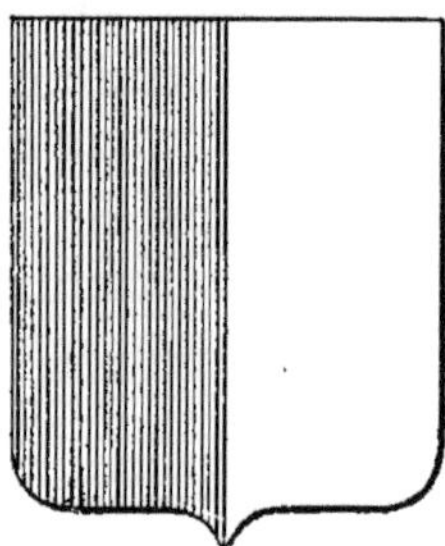

Armes des Gaulejac.

Parti de gueules et d'argent (3).

4° Elisabeth-Esther, née le 15 juin 1718, fut baptisée le lendemain, en l'église Saint-André. Elle eut pour parrain M. Jean Dupeiron et pour marraine dame Elisabeth-Esther Thomas (4).

Elle épousa, le 23 février 1745, noble Louis de Massau, capitaine au régiment de Custine-Infanterie, chevalier de l'ordre royal et militaire de Saint-Louis, habitant le château de Goudon, fils de feu M. Géraud de Massau et de dame Marguerite de la Brousse.

(1) Archives de Floirac. Série GG.
(2) Renseignement donné par M. Dumas de Rauly, archiviste, du Tarn-et-Garonne.
(3) Rietstap, t. 749.
(4) Archives municipales de Bordeaux. GG.

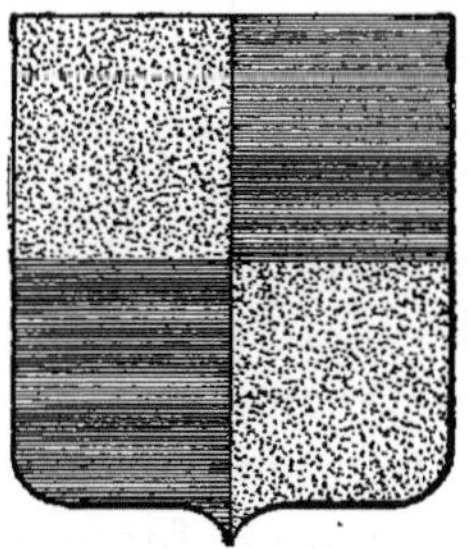

Armes des Massau.

Ecartelé d'or et d'azur (1).

Elisabeth-Esther était veuve en 1755 ; on en trouve la preuve dans un acte du 21 juillet 1755, par lequel Mme de Massau reçoit de son père l'autorisation de toucher certaines sommes provenant de la succession de son mari (2).

Elle épousa en secondes noces M. François de Labarthe, gentilhomme du Sarladais.

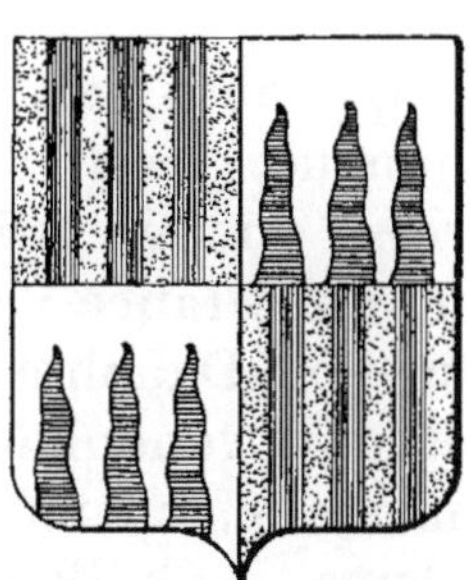

Armes des Labarthe.

Ecartelé : aux 1 et 4 d'or à 3 pals de gueules ; aux 2 et 3 d'argent à trois flammes d'azur sortantes du bas de l'écu et mouvantes de la pointe (3).

(1) *Armorial du Périgord*, par de Froidefond de Boulazac.
(2) Minutes de Faugas.
(3) Bibliothèque Nationale. Pièces originales 205, cote 4576.

5º Guillaume, né le 25 septembre 1719, fut baptisé le 27 du même mois dans l'église Saint-André. Il eut pour parrain Guillaume de Labrousse, président à la Cour des Aydes de Guyenne, son oncle maternel, et pour marraine dame Madeleine Lamolère Dupeyron, sa tante paternelle, et à leur place, Jean Lamolère, son frère aîné, et Louise-Marguerite, sa sœur.

Guillaume joignit le nom de Feuillas au sien et alors même que ce domaine fut sorti de la famille, il continua à se qualifier Guillaume Lamolère de Feuillas. C'est sous ce nom que nous le trouvons désigné dans les nombreux actes qui le concernent.

Guillaume alla chercher fortune à Saint-Domingue à l'exemple de beaucoup d'habitants de la région bordelaise. Il s'était fait émanciper judiciairement, le 13 avril 1752. Sur le point de partir, le 6 janvier suivant, il constitue pour son procureur général et spécial Jean Lamolère d'Auvignac, son frère, demeurant au château de Feuillas, auquel il donne pouvoir de régir, gouverner et administrer tous ses biens pendant son absence (1).

Le seul souvenir qui nous soit parvenu de son séjour à Saint-Domingue, c'est l'affranchissement d'une jeune mulâtresse nommé Brigitte, qu'il avait amenée en rentrant en France. Brigitte, née le 12 octobre 1761, au Fort-Dauphin, fut baptisée le 25 du même mois. Elle fut vendue le 12 janvier 1762, étant encore à la mamelle, en même temps que sa mère, la négresse Anna, à Guillaume de Lamolère, par leur maîtresse, dame Catherine Bizet, veuve Laneufville de Frémicourt. La vente était plutôt un échange, Guillaume s'étant engagé à remettre sur les habitations de la dite dame de Frémicourt, deux

(1) Minutes de Faugas.

nègres pièce d'Inde, pris sur les premiers navires négriers qui arriveraient dans la rade du Cap. Mme de Frémicourt donna quittance des deux nègres le 9 juillet suivant.

Brigitte fut affranchie le 31 décembre 1764. L'acte d'affranchissement fut ainsi libellé : « Nous, Charles-Théodat, comte d'Estaing, chevalier des ordres du Roi, lieutenant général des Isles françaises Sous-le-Vent de l'Amérique et mers adjacentes, et René Maignon, intendant de justice, polices et finances de la guerre, sur la demande du sieur Lamolère de Feuillas, demeurant au quartier du Fort-Dauphin, en vertu des pouvoirs à nous donnés par Sa Majesté, et vu la quittance de la somme de 300 livres, avons accordé la liberté à la mulâtresse Brigitte, esclave du dit sieur Lamolère. En conséquence, elle sera libre et affranchie de toute servitude et jouira à l'avenir et pour toujours des privilèges et prérogatives de la liberté, sans qu'elle puisse être troublée ou inquiétée sous quelque prétexte que ce soit. »

Le dépôt des pièces constatant l'affranchissement de Brigitte fut fait à Bordeaux le 11 février 1769. Guillaume de Lamolère déclara à cette occasion que la valeur de la petite mulâtresse était de 100 livres et celle de sa mère Anna de 666 livres (1).

Guillaume était rentré en France en 1768 ; il y avait probablement été rappelé par la nécessité de s'occuper des réclamations de l'Etat relatives à la succession de Bernard de Lamolère Sibirol, son père (2).

Le 15 décembre 1768, Guillaume Lamolère de Feuillas procédant tant en son nom que comme procureur

(1) Minutes de Faugas.
(2) Voir plus haut.

constitué de son frère Jean de Lamolère d'Auvignac, habitant le Fort-Dauphin, isle et côte de Saint-Domingue, et le sieur Joseph Lafon, procureur au sénéchal de Guyenne, procédant comme procureur constitué de M. Jean Lamolère aîné, écuyer, demeurant à Paris, Jean-Baptiste Lamolère de Guimps, aussi écuyer, chevalier de l'ordre royal et militaire de Saint-Louis, ancien capitaine d'infanterie, demeurant ordinairement à Bordeaux et en ce moment à Marseille, Joseph Lamolère d'Orville, écuyer, ancien capitaine, aide-major à la Nouvelle-Orléans et y résidant habituellement et de dame Marguerite de Lamolère, veuve de M. Dupérier de l'Islefort ; dame Madeleine Thérèse de Lamolère, épouse de M. Barthélemy-Sulpice de Gaulejac ; dame Esther-Elisabeth de Lamolère, veuve en premières noces de M. de Massau et de présent épouse de M. de Labarthe, et dame Marie-Thérèse Lamolère, épouse de M. de Bar, chevalier, seigneur de la Faurie, comparurent devant Messire de Laroze, président présidial en Guyenne qui sur leur réquisition déclara recevoir les sieurs et dames de Lamolère à répudier purement et simplement l'hérédité du feu sieur Bernard de Lamolère Sibirol, leur père, sous la réserve qu'avaient faite les dits sieurs et dames des droits et hypothèques qu'ils pouvaient avoir sur la dite hérédité (1).

Cette renonciation fut signifiée au procureur général de la Cour des monnaies de Paris.

Guillaume de Lamolère de Feuillas se rendit acquéreur, le 19 août 1771, de la maison noble des Ardouins, située sur la paroisse de Saint-Vivien-en-Blaye. Il l'acheta de Messire Léonard de Majence, chevalier

____

(1) Minutes de Faugas.

seigneur de Camiran, vicomte de Foncaude, lieutenant-colonel de dragons, ancien premier jurat de
Bordeaux.

Le domaine comprenait une maison neuve de maître, des chais, parcs et autres bâtiments, des vignes,
terres labourables, bois, etc. Etaient aussi compris
dans la dite vente tous les fiefs, droits, cens, rentes
foncières et autres droits et devoirs seigneuriaux attachés à la propriété ; de plus tous les meubles meu-
blants, linge, ustensiles, instruments aratoires, vaisseaux vinaires, bestiaux, etc. Messire de Camiran
déclarait que la dite maison des Ardouins et partie
des domaines et fiefs y attachés « sont nobles et mouvant à foy et hommage du Roy, à cause de son duché
de Guyenne, à quoi messire de Lamolère sera tenu
de satisfaire à l'avenir, conformément aux précédents
hommages. »

La dite vente fut faite moyennant une somme de
60.000 livres, dont 40.000 payés comptant et les
20.000 autres à payer dans deux ans, à partir du jour
de la vente (1).

En 1772, l'affaire de la succession Bernard de
Lamolère entre dans une nouvelle phase. Guillaume
de Feuillas procédant tant en son nom que pour Messieurs èt Dames ses frères et sœurs, constitue un procureur général et spécial à Paris, à l'effet de faire
opposition au décret et à l'instance des saisies et criées
pendantes en la Cour des Monnaies de Paris, à cause
de la maison et fief de Feuillas et tous autres biens
immeubles dépendant de la succession de Bernard
Lamolère, leur père, afin de faire procéder au compte
de liquidation des droits, créances et reprises de dame

____

(1) Minutes de Faugas.

Leber de Saint-Paul, leur mère, sur la succession de messire Lamolère, son époux (1).

Le 14 avril 1775, Guillaume faisant pour lui et les dames ses sœurs, donne pouvoir de recevoir sur le prix de l'adjudication à venir de la terre de Feuillas et des biens immeubles situés à Lauzerte, vendus par arrêt de la Cour des Monnaies, toutes sommes et créances revenant au dit sieur Lamolère et au siens du chef de la feue dame Lebert de Saint-Paul, leur mère (2)

On remarquera que, dans cette procuration, il n'est plus question des frères de Guillaume, qui, en effet, étaient tous morts à cette époque, ainsi que nous le verrons plus loin.

Trois mois après, le 19 juillet 1775, Guillaume fait et constitue un procureur général et spécial à l'effet d'enchérir à la vente de la maison noble de Feuillas, ses circonstances et dépendances, jusqu'à la somme de 3o.ooo livres.

Enfin le 20 mai 1777, Guillaume faisant en son nom et comme fondé de pouvoir de tous ses cohéritiers, désigne comme son procureur général et spécial M. (nom en blanc), procureur au Parlement de Paris, avec mission d'intervenir dans l'instance indivise en la dite Cour, concernant l'ordre et la distribution du prix de la vente par décret de la maison noble de Feuillas, circonstances et dépendances (3).

On rencontre dans ce dernier acte deux nouveaux intéressés, M. François de Lamolère, écuyer, officier dans le régiment de Vermandois et demoiselle de Lamolère, sa sœur, tous deux mineurs émancipés

(1) Minutes de Faugas.
(2) Minutes de Faugas.
(3) Minutes de Faugas.

d'âge, seuls enfants et héritiers de défunt messire Joseph Lamolère d'Orville ; Guillaume était leur tuteur et curateur.

La maison noble de Feuillas fut acquise par Jean-Baptiste de Lamolère, cousin issu de germain des héritiers de Bernard Sibirol.

A partir de l'année 1777 nous ne trouvons plus trace de Guillaume Lamolère dans les environs de Bordeaux. Mais nous le rencontrons à Paris, en 1789 : le 23 avril de cette année il épousa demoiselle Claire-Constance-Josèphe Meuniez, en l'église Saint-Eustache (1). Le 26 octobre 1800, également à Paris, il signe au contrat de mariage de Juliette de Lamolère, fille de son cousin Jean-Baptiste de Lamolère, avec Etienne-Félix-Désiré de Lamolère de la branche du Quercy (2).

6° Jeanne-Marie, née le 6 avril 1721, fut baptisée le lendemain, en l'église Saint-André. Parrain, messire Bernard Lamolère, écuyer, conseiller secrétaire du roi, maison couronne de France, grand-oncle de l'enfant ; marraine, demoiselle Jeanne-Marie Grignon de Bédorède, remplacée par demoiselle Elisabeth-Esther Thomas de Saint-Paul. Jeanne-Marie entra en religion à l'âge de quinze ans ; à cette occasion ses parents lui constituèrent une dot par l'acte suivant.

« Le 3 mai 1736, par-devant Faugas et son collègue, notaires à Bordeaux, s'est présentée Jeanne-Marie Lamolère Sibirol, demoiselle, âgée de 15 ans environ, fille légitime de M. Bernard de Lamolère Sibirol, seigneur de Guimps, Feuillas et autres lieux, et de dame Louise Leber, laquelle demoiselle en

----

(1) Renseignement fourni par l'Agence Pavis, Andriveau et Schœffer.

(2) Voir plus loin.

présence et du consentement des dits sieur et dame
de Lamolère, ses père et mère, et de dame Jeanne
Ballande, supérieure, mère ancelle du monastère des
religieuses de l'Annonciade, assistée de plusieurs
autres religieuses, a très humblement remontré que
« par la miséricorde de Dieu elle a été inspirée de
passer le reste de ses jours dans le dit monastère, en
qualité de religieuse, sœur de chœur, et sous les
règles et constitutions de l'ordre, après avoir fait
divers exercices de la religion pour éprouver ses
forces. C'est pourquoi elle supplie la Révérende
mère supérieure et la communauté la vouloir recevoir,
ce que la dite Supérieure et autres religieuses lui ont
accordé. »

Les dits sieur et dame de Lamolère voulant éviter
que leur fille soit à charge à la communauté et pour
lui tenir lieu de pension, promettent et s'obligent de
payer à la dite communauté, par forme d'aumône
dotale, la somme de 4.000 livres ; quant à sa pension, elle demeure réglée et fixée jusqu'à la profession à la somme de 200 livres par an ; et d'ailleurs,
les sieur et dame de Lamolère, par l'amitié qu'ils ont
pour leur fille, promettent et s'obligent de lui donner
annuellement, à commencer du jour de la profession,
la somme de 100 livres pour pension viagère (1).

La somme dotale de 4.000 livres fut payée le
1er juillet 1737 par Jeanne Leber, veuve de messire
Guillaume de Labrousse, tante et marraine de la
nouvelle religieuse (2). Jeanne-Marie devint procu-
reuse de la communauté de l'Annonciade. Elle remplissait cette fonction en 1778, et signa en cette

(1) Minutes de Faugas.

(2) Minutes de Faugas.

qualité une requête adressée au bureau des Finances de Guyenne. Elle vivait encore en 1792.

7° Marie-Thérèse, née le 22 août 1722, à 6 h. 1/2 du soir, fut baptisée le 24, en l'église Saint-André. Parrain, Etienne de Lamolère, secrétaire en la Grande Chancellerie de France (de la branche du Quercy), grand-oncle, remplacé par Jean Lamolère, frère de l'enfant ; marraine, Marie-Thérèse Lamolère de Barret, cousine germaine du père de l'enfant.

Marie-Thérèse épousa, en 1746, Messire Joseph de Bars, chevalier, seigneur de la Faurie, ancien capitaine au régiment des Gardes-Lorraine.

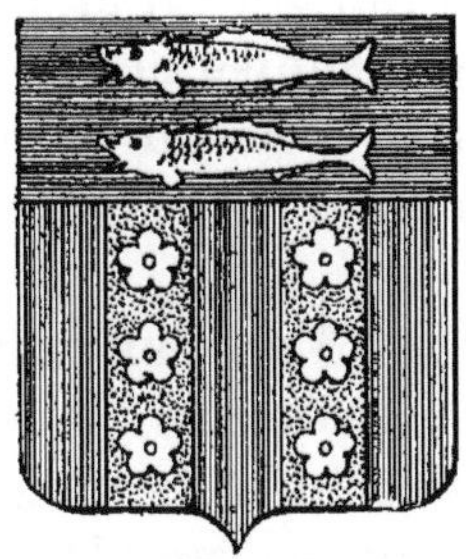

Armes des de Bars.

De gueules à deux pals d'or chargés chacun de trois roses du champ ; au chef cousu d'azur à 2 bars d'argent en fasce l'un sur l'autre (1).

Le contrat fut passé en la ville de Caors (*sic*). Bernard de Lamolère, père de la future (on se rappelle que sa mère était morte en 1743), et Jeanne Leber de Labrousse, sa tante, avaient donné leurs pouvoirs *ad hoc* à messire Sulpice de Gaulejac, chevalier, seigneur de Toule et autres lieux, beau-frère

(1) *Armorial du Périgord,* par de Froidefond de Boulajac.

de la dite future épouse. La pièce que nous avons sous les yeux ne mentionne pas les conditions du contrat, si ce n'est la donation de 10.000 livres faite par la dame Jeanne Leber de Labrousse à sa nièce, donation égale à celle qu'elle avait déjà faite à chacune des sœurs de la future.

Les engagements et conditions pris par le seigneur de Gaulejac furent approuvés et ratifiés par Bernard de Lamolère et Mme de Labrousse, par acte du 8 septembre 1746 (1).

Messire de Bars de la Faurie périt de mort violente. Une plainte au procureur du Roi fait connaître que, en 1785, comme il se rendait de son moulin de Cromarry à son château de la Faurie, « il fut attaqué sur le chemin de Nadaillac à Saint-Geniès et grièvement blessé d'un coup d'arme à feu, qui lui fut tiré par un quidam caché dans un champ de seigle sur le bord du chemin » (2).

8° Jean-Baptiste, né le 13 novembre 1723, à 6 h.1/2 du matin, fut baptisé le lendemain dans l'église Saint-André. Parrain, messire Jean-Baptiste Campaignac, oncle par alliance du baptisé, remplacé par Jean Dupeiron ; marraine, dame Anne de Lamolère du Hamel, tante paternelle représentée par demoiselle Magdeleine de Lamolère, sœur de l'enfant. Jean-Baptiste joignit à son nom celui de Guimps, la terre que son père possédait aux environs de Barbezieux. Une sommation qu'il adressa, le 25 mai 1749, au sieur Mendes France d'avoir à lui payer une somme de 500 livres, nous apprend qu'il fut capitaine au régi-

(1) Minutes de Faugas.

(2) Inventaire sommaire des Archives départementales de la Dordogne. Série B. Sénéchaussée de Sarlat.

ment de Beauvoisis (1). En cette qualité, il fit campagne pendant plusieurs années en Allemagne et fut blessé à Rosbach (2). Il obtint la croix de chevalier de Saint-Louis.

Par la suite, il se rendit à Saint-Domingue comme ses frères : il y mourut au Fort-Dauphin, le 13 septembre 1769. L'acte de décès était signé par le chevalier Duperrier, La Costéade, témoins et le père Michel, capucin, curé. Cet acte délivré le 25 mai 1770, et certifié par messire d'Hudécourt, lieutenant particulier civil et criminel au siège de Fort-Dauphin, fut déposé par Guillaume Lamolère, le 7 août 1775, en l'étude de Faugas, notaire.

9° Anne-Marguerite-Jeanne, née le 20 décembre 1725, baptisée le 22 en l'église Saint-André. Parrain, messire Jean-Baptiste Barret ; marraine, dame Anne-Marguerite Mouret de Lamolère, remplacée par Marie-Thérèse de Lamolère Barret.

Nous ne savons rien sur le compte de cette dernière fille.

10° Joseph, né le 21 octobre 1727, baptisé le lendemain dans l'église Saint-André. Parrain, messire Joseph Lemoine de Sérigny, capitaine de vaisseau du Roy ; marraine, dame Angélique Ségonzac de Lamolère, grand'tante de l'enfant, remplacés par Guillaume et Marguerite de Lamolère, frère et sœur du baptisé.

Joseph joignit à son nom celui de d'Orville, l'un des domaines de son père. Il servit comme capitaine d'état-major, puis se rendit en Amérique où nous le retrouvons capitaine d'infanterie à la Nouvelle-Orléans, province de la Louisiane.

(1) Minutes de Faugas.
(2) *Gazette de France* du 19 novembre 1757. Supplément.

Revenu à Bordeaux, probablement au cours d'un congé, et sur le point d'aller rejoindre son poste, il voulut arrêter ses dernières volontés. A cet effet il fit, par acte du 14 octobre 1750, donation à cause de mort, à son père, Bernard de Lamolère, de tous ses biens et droits, meubles, immeubles, raisons et actions et en outre de la tierce partie de ses propres venant de sa mère Louise Leber de Lamolère, pour en jouir et disposer à partir du jour de son décès. Il donna pouvoir à son père de choisir et nommer parmi ses frères ou leurs représentants nobles, au premier degré, celui qu'il voudra pour recueillir sa succession, ainsi que les deux tierces parties de ses propres réservés suivant la coutume, provenant de l'héritage de sa mère. Quant aux autres frères qui ne sont pas désignés pour hériter et à ses sœurs, il leur donne dès à présent cinq sols (1).

Joseph Lamolère d'Orville se maria ; nous ne savons ni le nom de la personne qu'il épousa, ni l'époque de son mariage qui fut d'ailleurs postérieur à 1750, date de son testament ; mais nous avons déjà rencontré les noms de ses deux enfants (2) : François Joseph de Lamolère, écuyer, officier dans le régiment de Vermandois et demoiselle N. de Lamolère, tous deux mineurs à cette époque et émancipés d'âge ; leur oncle Guillaume avait accepté d'être leur tuteur et curateur.

Joseph mourut à la Nouvelle-Orléans, le 22 octobre 1771 à 44 ans ; l'acte de décès fut délivré par le R. P. Dagobert, vicaire général, supérieur de la mission des Capucins, curé de la Nouvelle-Orléans,

---

(1) Minutes de Faugas.

(2) Voir plus haut p. 146.

et déposé comme ceux de ses frères, en l'étude de Faugas, notaire à Bordeaux (1).

11° Jean, né le 10 septembre 1731 et ondoyé le même jour, fut baptisé le 4 novembre suivant, en l'église Saint-André. Parrain, Jean Dupeiron ; marraine, demoiselle Marguerite de Lamolère, sœur de l'enfant.

Jean ajouta à son nom celui d'Auvignac. Le plus jeune de la famille, il habita longtemps Feuillas, auprès de son père ; nous avons vu qu'il fut chargé par celui-ci, au mois d'avril 1753, d'aller présenter à la Cour des Aides de Bordeaux, les pièces destinées à faire la preuve de sa noblesse.

Après la mort de son père, Jean alla habiter Bordeaux : il continua à s'occuper des affaires des différents membres de la famille. Le 6 janvier 1759, il reçut de son frère aîné Jean, qui habitait Paris, le pouvoir de vendre une maison sise à Lauzerte. Le 24 juin 1763, il était chargé par dame Jeanne Leber de Labrousse, sa tante, de toucher une somme de 10.000 livres provenant de la succession de son mari.

Comme ses frères, il se laissa attirer par l'Amérique ; nous l'y trouvons, en 1768, lieutenant d'infanterie à Fort-Dauphin. C'est de là que, le 15 décembre 1768, il envoie sa procuration à son frère Guillaume, pour le représenter dans les affaires relatives à la succession de leur père.

Jean mourut à Fort-Dauphin et fut inhumé dans l'église paroissiale le 12 septembre 1772. L'acte de décès est signé par le chevalier Duperrier, Minière, Albinal, etc., et par le R. P. Michel, capucin, curé.

Cet acte fut délivré en 1773, par le P. Elysée, capucin, curé, dont la signature est certifiée par Emeric de Lamentellière, avocat au parlement et doyen des procureurs au siège de Fort-Dauphin. Il fut déposé par Guillaume de Lamolère en l'étude de Faugas (1).

Jean-Baptiste de Lamolère

On se rappelle qu'après avoir retracé l'histoire de Bernard Lamolère, le premier directeur de la monnaie de Bordeaux, nous avons présenté comme son véritable successeur dans la branche bordelaise, de préférence à ses enfants, Bernard Lamolère Sibirol, son neveu. Pour des raisons du même ordre, nous sommes amenés aujourd'hui à laisser de côté les descendants de Lamolère Sibirol, et revenant à la famille du premier Bernard, nous désignerons aujourd'hui son petit-fils, Jean-Baptiste, comme représentant de la branche de Bordeaux.

Nous avons vu plus haut Charles Lamolère, fils de Bernard, aller fonder une sucrerie à Saint-Domingue où il prospéra.

Jean-Baptiste naquit dans cette île, au Cap-Français, quartier Morin, le 7 janvier 1734, de Charles Lamolère et de Marie-Anne-Rose Chesnier, son épouse. Il fut baptisé le 2 juillet 1735, dans l'église de Saint-Louis, au dit quartier Morin, par messire Jean Tribert, prêtre, religieux et missionnaire de la Compagnie de Jésus. Il eut pour parrain Jean-Baptiste Barret, greffier en chef du Parlement de Bordeaux, son oncle, représenté par M. Pierre Lefebvre, et pour marraine demoiselle Marie-Françoise-Elisabeth Lefebvre (2).

(1) Minutes de Faugas.
(2) Archives du Ministère des colonies. Registre des actes de Saint-Louis au quartier Morin.

Les premières années de Jean-Baptiste de Lamolère sont retracées dans une notice autographe de son fils Louis, parvenue jusqu'à nous.

A deux ans, il perdit son père, mort en 1736, et fut élevé par sa mère, Anne-Marie-Rose Chesnier, qui l'envoya à Paris, à l'âge de neuf ans, pour y compléter son instruction. Arrivé au moment de choisir une carrière, il se décida pour celle des armes et entra aux mousquetaires. Là entraîné par la jeunesse et les facilités que lui donnait la belle situation de sa famille, il mena la grande vie et fit des dettes considérables. Informée de la conduite de son fils, Mme de Lamolère, qui était à Saint-Domingue, partit pour la France, débarqua à Bordeaux, se rendit chez sa fille, Mme Barret de Ferrand, au château de Céron, et manda son fils près d'elle. A la suite d'une entrevue touchante où elle eut à déployer toutes les ressources de son grand cœur et de sa haute intelligence, elle obtint de son fils qu'il donnât sa démission du grade de capitaine (1).

Dès qu'elle eut obtenu qu'il renonçât à la carrière militaire, elle se préoccupa de lui assurer une situation. Elle acquit à son intention, le 15 mars 1759, de messire François-Augustin Duboscq, un office de conseiller au Parlement de Bordeaux, moyennant la somme de 30.000 livres (2). C'était certes une position un peu sévère pour un jeune homme d'à peine 25 ans : mais le but de Mme de Lamolère était vraisemblablement d'aider son fils à obtenir par la suite un établissement avantageux qui la rassurerait définitivement sur son avenir.

(1) Notice de M. Louis de Lamolère.
(2) Archives départementales de la Gironde. C. Registre de contrôle des actes des notaires.

Les lettres de provision de Jean-Baptiste pour cet office de conseiller au parlement sont datées de Versailles, du 9 juillet 1759. Il y est dit que l'office à lui octroyé était exercé précédemment par Jean-Baptiste-Joseph de Licterie, qui en avait fait la résignation en faveur du sieur François-Augustin Duboscq par acte du 18 septembre 1754 ; celui-ci avait bien obtenu les lettres de provision requises ; mais n'ayant pas été reçu au dit office, il s'en était démis et en avait fait vente au profit du dit sieur de Lamolère. Les quittances de survivance et de marc d'or payées par le sieur Duboscq avaient été validées comme si elles avaient été payées par le sieur de Lamolère ; il avait fallu pour cela un arrêt spécial, le délai réglementaire de six mois pour la réformation des provisions du sieur Duboscq étant passé (1). Jean-Baptiste fut reçu solennellement le 2 août 1759, après la prestation de serment accoutumée (2). Le prix d'achat (30.000 livres) du dit office fut payé six ans plus tard par Jean-Baptiste, Mme Chesnier de Lamolère étant morte ; la quittance fut signée le 11 juin 1765, devant Morin et Bouin, notaires à Bordeaux (3).

L'année suivante, le 12 mai 1766, Jean-Baptiste acquit de dame Catherine Dubois, épouse de messire Jean de Fouquier, conseiller du roi au parlement de Bordeaux, la terre et seigneurie de Puyregaud en Angoumois, haute, moyenne et basse justice. La dite seigneurie consistait en un château et autres édifices (*sic*), deux métairies, vignes, bois, terres labourables, prés, pacages, moulins à eau et à

(1) Archives départementales de la Gironde (minutes de Rouan, notaire).

(2) Archives départementales. Série C. Registre B. 91.

(3) Archives départementales (minutes de Bouin).

vent, etc. La vente fut faite moyennant le prix de
84.000 livres, sur lesquelles 60.000 furent payées
immédiatement (1).

Pour payer ces 60.000 livres, Jean-Baptiste de
Lamolère dut emprunter 50.000 livres à messire
Jean-Joseph de Laborde, écuyer, seigneur de la Ferté,
vidame de Chartres, etc., conseiller secrétaire du
roi, maison couronne de France, et de ses finances,
demeurant à Paris. Par acte du 12 mai 1766, il
s'obligeait à rendre cette somme en quatre termes
de 12.500 livres, d'année en année, au 1er juin 1767,
1768, 1769 et 1770. Comme garantie de la dite somme,
il affectait par hypothèque la moitié à lui appartenant
d'une habitation située au Cap-Français, île et côte
de Saint-Domingue, et en outre par privilège la
terre de Puyregaud. Il consentait en outre à ce que
le sieur de Laborde se fît payer sur tous les fonds qui
arriveraient pour son compte d'Amérique à Bordeaux (2).

Les 24.000 livres restant furent remis à la dame
Dubois, le 12 janvier 1771 (3).

Pendant les années qui suivirent l'achat de Puyregaud, Mme Barret de Ferrand abandonna à son
frère ses droits sur la propriété de Saint-Domingue,
moyennant une rente de 12.000 livres. Elle le maria
en 1770 à Mlle Madeleine Godet du Brois, fille
de Messire de Godet, chevalier, conseiller au Conseil
supérieur de la Guadeloupe, et de feue demoiselle
Charlotte-Françoise Chevalier. Le grand-oncle de la
future épouse était Mgr Godet des Maretz, évêque de

(1) Minutes de Laville, notaire à Bordeaux, conservées en
l'étude de M. Larnaude.

(2) Minutes de Laville, notaire à Bordeaux.

(3) Minutes de Laville.

Chartres, directeur spirituél de Mme de Maintenon (1).

Armes des Godet du Brois.

De gueules à trois coupes, deux et une, d'argent (2).

Le contrat de mariage fut signé à Bordeaux le 16 septembre 1770. M. Godet du Brois, retenu à la Guadeloupe, était représenté par M. François-Joseph de Fonbrauge, conseiller du roi en la cour du Parlement de Bordeaux, beau-frère de la future épouse ; le dit sieur de Fonbrauge autorisé à cet effet par M. André de Larigaudière, écuyer, chevalier de l'ordre royal et militaire de Saint-Louis, lequel avait reçu la procuration générale et spéciale, à l'effet du dit mariage, de M. Godet du Brois, son oncle. La demoiselle future épouse recevait, par contrat, la somme de 80.000 livres, imputable sur les droits à elle échus sur la succession de feue madame sa mère. Quoique cette constitution fût de nature d'argent, elle devait néanmoins être réputée de nature d'immeubles, par conséquent réversible à elle et aux siens

(1) Notice de M. Louis de Lamolère.
(2) Rietstap, 1, 791.

de son estoc et ligne. La communauté était réduite aux acquets, l'usufruit de la totalité d'iceulx étant d'ailleurs réservé aux survivants des dits sieur et demoiselle futurs époux, qu'il y eût ou non des enfants (1).

La cérémonie du mariage fut célébrée le 21 septembre 1771, en l'église Sainte-Eulalie, en présence de M. Edme-Jean-Baptiste Barret de Ferrand, lieutenant de MM. les maréchaux de France et grand prévôt de la province de Guyenne, de messire Jean-Baptiste de Brivazac, conseiller au Parlement de Guyenne, de messire Jacques-François Dumas de Fonbrauge, conseiller au même Parlement, ses beaux-frères ; de messire Guillaume de Feuillas, son cousin issu de germain, etc. (2).

Jean-Baptiste de Lamolère se rendit acquéreur, le 19 juillet 1775, de la maison noble de Feuillas, et d'autres biens situés, tant dans la paroisse de Floirac que dans la sénéchaussée de Lauzerte, biens saisis après le décès de Bernard de Lamolère Sibirol, à la requête du procureur général de la cour des monnaies. Ces biens lui furent adjugés par décret du 19 juillet 1775, susdit, moyennant la somme de 110.000 livres.

Le nouveau propriétaire prit possession du domaine de Feuillas le 11 septembre 1775, après en avoir prévenu par huissier le procurenr général à la cour des monnaies et le curateur à la succession de Bernard Sibirol, et après avoir fait sommation aux baillistes de la seigneurie de Feuillas d'avoir à se trouver à la dite prise de possession.

Arrivé sur les lieux en compagnie du notaire

(1) Minutes de Laville.

(2) Archives municipales de Bordeaux, GG, Reg. 371, Art. 148.

Laville, M. Jean-Baptiste de Lamolère fut mis et installé dans la possession réelle de la maison noble de Feuillas et de la petite métairie attenante. A cet effet, il entra dans tous les bâtiments, y alluma et éteignit du feu, toucha les verrous des portes et fenêtres, prit des poignées de terre et les jeta en l'air, arracha de l'herbe, etc., etc.

Il procéda à la même opération à la métairie de Naudin-Bernard et sur plusieurs pièces de terre et de pré. La maison noble de Feuillas avec ses dépendances et les effets mobiliers qui la garnissaient, fut évaluée à 90.000 livres (1).

Le 22 du même mois, Jean-Baptiste prenait possession des biens situés dans la sénéchaussée de Lauzerte, qu'il avait acquis en même temps que Feuillas, par l'entremise de M. Dumun fils, conseiller du Roi, contrôleur des domaines, bois et finances, domicilié à Moissac, à qui il avait donné sa procuration à cet effet. L'ensemble de ces biens était évalué à 20.000 livres (2).

A partir de cette époque, nous trouvons de nombreux actes d'administration de Jean-Baptiste de Lamolère dans la paroisse de Floirac.

Dès le 3 septembre 1775, il avait acheté du sieur Guillou, une maison avec ses dépendances, sise à Crouzilles, paroisse de Floirac, moyennant le prix de 3.000 livres.

Le 8 mai 1777, dans une délibération des principaux propriétaires de Floirac, il agit comme syndic

---

(1) Minutes de Laville.

Le prix d'achat de Bernard de Lamolère Sibirol avait été de 50.000 livres.

(2) Minutes de Laville.

honoraire perpétuel de l'œuvre et fabrique de l'église du dit Floirac.

Le 22 mai 1777, il afferme à Mathieu Lafon la métairie de Naudin-Bernard pour neuf années, moyennant le prix de 450 livres par an.

Le 12 mai 1779, il achète de messire Charles François Alain de la Salle, écuyer, tous les fiefs que celui-ci possédait dans les paroisses de Floirac et Cenon, moyennant 6.012 livres.

D'autre part il revendait, le 5 mars 1777, les biens et métairies de Sibirol et Valois, situés dans les environs de Lauzerte à la demoiselle Bonnal moyennant le prix de 18.300 francs. Par procuration du 2 mai 1778, il donne pouvoir à messire de Saint-Jean, conseiller honoraire de grande chambre du Parlement de Toulouse, de recevoir les sommes qui lui sont dues par le sieur Gignoux, acquéreur des dites métairies qui lui avait été rétrocédées par la demoiselle Bonnal (1).

M. de Lamolère, qui était dans une fort belle situation de fortune, décida de se faire construire un hôtel à Bordeaux. L'emplacement choisi était situé place Richelieu à l'angle de la rue du Chapeau-Rouge, à proximité de la rue Esprit-des-Lois. Ce terrain fut racheté par Jean-Baptiste à un sieur Léonard Laffitte qui l'avait payé lui-même 420 livres la toise, soit 27.600 livres le tout. Il chargea de la construction de sa future demeure le célèbre architecte Louis, à qui est dû le beau théâtre de Bordeaux. Louis s'était déjà distingué par la construction de l'hôtel de M. Saige, avocat général, des maisons de M. Legrix, trésorier de France, de M. Fonfrède, négociant, etc. (2).

(1) Minutes de Laville.

(2) *Victor Louis, architecte du théâtre de Bordeaux*, par Marioneau (1880).

M. de Lamolère était installé dans son nouvel hôtel le 17 mai 1779 (1).

Un genre d'affaires qui était probablement assez fréquent à cette époque, et auquel, en tous cas, Jean-Baptiste de Lamolère se livrait assez souvent, c'était la constitution de rentes viagères. Le 31 mai 1777, il constitue une rente viagère de 350 livres au profit de demoiselle Catherine Borie, moyennant un versement de 4.000 livres ; le 1er juillet 1778, 700 livres à Catherine Olivié, versement 8.000 livres ; le 24 août 1779, 320 livres aux demoiselles Marie-Anne et Jeanne-Flore Mandavy, sœurs, versement 4.000 livres ; etc. (2).

La fortune de Jean-Baptiste lui permettait d'être généreux. Le 16 juillet 1783, il fit une donation de 500 livres, à l'occasion de son mariage, à Marie Lacour, fille de Léonard Lacour, son homme d'affaires dans la terre Puyregaux, en raison des services que lui avait rendus le dit Lacour. Nous verrons plus loin qu'il ne fut pas récompensé de sa bienveillance pour cette famille.

Outre ses affaires en France, M. de Lamolère avait à s'occuper des intérêts considérables qu'il avait encore à Saint-Domingue. Le 18 mars 1784, il révoque toutes les procurations ci-devant données tant au sieur Chabert qu'à tous autres et constitue pour son procureur général et spécial M. Harriet, actuellement gérant de l'habitation de Lamolère, au quartier Morin, avec mission de se mettre en possession de cette habitation, la régir, gouverner et administrer. Le dit procureur devait rendre compte, si ce n'était

(1) Cet hôtel a été longtemps connu à Bordeaux sous le nom d'hôtel du Fresnel. (Notice de M. Louis de Lamolère.)

(2) Minutes de Laville.

déjà fait, au sieur Dupérier de Lislefort, de la régie et administration par lui faite de la dite habitation.

Et à supposer que le sieur Harriet se trouvât décédé lorsque la présente procuration arrivera dans les colonies, ou s'il vient à décéder ensuite sans avoir substitué une autre personne en son lieu et place, le dit sieur constituant lui substitue dès à présent, en tous les pouvoirs ci-dessus, le sieur Huitze.

Le 26 août 1784, Jean-Baptiste donne procuration au même Harriet de vendre et aliéner la place appelée le Bois-Blanc ou de l'échanger avec toute autre terre qu'il trouvera convenable (1),

En cette même année 1784, Jean-Baptiste de Lamolère résigna sa charge de conseiller au Parlement en faveur de messire Auguste Jean-Bertrand d'Arblade de Sçailles. L'année suivante, il obtint des lettres d'honneur ainsi conçues :

« Notre cher et bien-aimé sieur Jean-Baptiste de Lamolère ayant exercé les fonctions de l'office de conseiller en notre cour du Parlement de Bordeaux, pendant plus de 24 ans, avec le zèle et le désintéressement qui caractérisent le magistrat, nous nous sommes déterminés à lui donner un témoignage de satisfaction en lui conservant, par nos lettres d'honneur, tous les avantages et privilèges attachés au dit office, nonobstant la résignation qu'il en a faite ; il pourra donc se dire et se qualifier en tous actes et occasions, notre conseiller honoraire en notre cour du Parlement de Bordeaux, y avoir entrée, rang, séance et voix délibérative, tant à l'audience, chambre du conseil, qu'en toutes les assemblées publiques ou particulières, et jouir des mêmes honneurs, autorités, privilèges etc., dont il a joui avant sa résignation, à

(1) Minutes de Laville.

condition toutefois qu'il ne pourra prétendre aucuns gages, épices, ni autres émoluments. Donné à Versailles, le 17 août 1785 et enregistré à Bordeaux, en conséquence de l'arrêt de la Cour du 7 avril 1786 (1). »

La résignation par Jean-Baptiste de Lamolère de ses fonctions de conseiller au Parlement semble marquer le commencement du déclin de sa carrière.

Le besoin d'argent s'accuse dès les années suivantes par deux emprunts, l'un de 800 livres à la marquise Dalphonse, le 26 avril 1787, l'autre de 7.000 livres à demoiselle Rose Cartier, le 8 avril 1788 (2). D'autre part, la révolution menaçait déjà et nous verrons qu'elle eut des conséquences désastreuses pour monsieur de Lamolère, tant en France qu'à Saint-Domingue.

On sait que le début du nouvel état de choses consista dans la réunion des Assemblées provinciales, pour la désignation des députés à envoyer à Paris. Jean-Baptiste prit part à l'Assemblée particulière de la noblesse de Guyenne qui siégea à Bordeaux du 9 au 21 mai 1789. A côté de son nom on rencontre ceux de Raymond Dupérier de l'Islefort, des Saint-Angel, d'Edme Barret de Ferrand, des Brivazac, etc. (3).

En 1791, messire de Lamolère sentant que la situation commençait à devenir dangereuse à Bordeaux, quitta cette ville et alla passer l'hiver 1791-1792 à Toulouse. C'est là qu'il apprit les désastres de Saint-Domingue et les ruines qui en furent la conséquence (4).

Le 8 juin 1792, il se fit délivrer un passeport pour aller à Paris (5). Arrivé dans la capitale, il loua une

(1) Archives départementales de la Gironde. B. 100.
(2) Minutes de Laville.
(3) Extrait du Catalogue des gentilshommes de Guyenne.
(4) Notice de M. Louis de Lamolère.
(5) Archives du Ministère des colonies. Dossier Lamolère.

partie de l'hôtel d'Estaing, rue Sainte-Anne, et s'y installa avec sa femme et ses plus jeunes enfants. Ses fils aînés, Louis-Hubert (dit Fanfan) et Edme-Jean-Baptiste (dit Aimé), ainsi que son gendre, M. Sans de Saint-Julien, avaient été rejoindre l'armée des Princes (1).

La famille de Lamolère arriva à Paris le 20 juin 1792, au milieu des troubles et des périls de cette funeste journée. Elle y vécut en proie aux émotions cruelles par lesquelles passèrent les serviteurs dévoués de la famille royale. C'est, dit la notice de M. Louis de Lamolère que nous suivons de point en point, Mme de Lamolère qui envoya du linge à Louis XVI, Marie-Antoinette et leurs enfants, emprisonnés dans la loge du logographe de la Convention. Le valet de chambre qui fut chargé de porter ce linge, un mulâtre nommé Thomas, fut arrêté, presque assommé et passa la nuit en prison (2).

Compromis par cet acte de charité et de dévouement, M. de Lamolère sentait le danger grandir de jour en jour autour de lui. D'autre part ses affaires étaient à l'abandon à Saint-Domingue depuis les événements qui avaient bouleversé cette île. Il se décida donc à quitter la France, au moins temporairement, et alla s'embarquer à Calais pour l'Angleterre. Son passeport fut visé à la date du 15 août 1792. Il arriva à Londres le 30 août et se logea au n° 18 de Kingstreet Saint-James Square. Un certificat de Charles Muller, notaire à Londres, constate que M. J.-B. de Lamolère, américain, né à Saint-Domingue, est connu personnellement des sieurs Jean Wallis, Guillaume Brotherhood, Gabriel Claremont et Louis Teillier, négo-

(1) Notice de M. Louis de Lamolère.
(2) Notice de M. Louis de Lamolère.

ciants à Londres, lesquels ont déclaré qu'il avait été attiré en Angleterre pour arrangements relatifs à ses affaires de commerce et coloniales, et pour se procurer les objets nécessaires à l'exploitation de ses habitations d'Amérique incendiées. Ce certificat daté du 9 novembre 1792 est visé par Chauvelin, ministre de France en Angleterre (1).

Ses affaires terminées à Londres, M. de Lamolère partit pour l'Amérique. Il atterrit au Cap Français, le 20 janvier 1793 sur le paquebot *La Delaware*, de Philadelphie, avec les citoyennes Claire-Nicole, femme Sans et Juliette Lamolère, ses deux filles et Jean-Baptiste-Edme, son fils. Il obtint de la municipalité du Cap Français l'autorisation d'aller et venir à la Petite Anse pour vaquer au recouvrement de sa fortune.

Un certificat émané d'un certain nombre de colons et propriétaires de Saint-Domingue, en date du 15 vendémiaire an IV, déclare que le citoyen Jean-Baptiste de Lamolère, habitant de cette colonie, est propriétaire d'une sucrerie située au quartier Morin, qu'il y paye ses contributions foncière et mobilière et que sa dite propriété a été dévastée et incendiée à la suite des troubles. Il fait connaître en outre que le dit citoyen Lamolère est arrivé dans la colonie au commencement de l'année 1793 avec trois de ses enfants et qu'il est à croire qu'il aura, comme les autres colons, fui à la Nouvelle-Angleterre lors du désastre et de l'incendie (2).

Mme de Lamolère n'avait pas suivi son mari à Saint-Domingue ; elle était restée à Paris avec ses deux plus jeunes enfants, Alzire et Louis.

(1) Archives du Ministère des colonies. Dossier Lamolère.
(2) Archives du Ministère des colonies. Dossier Lamolère.

Elle s'y trouva, à un certain moment, dans une situation voisine de la gène, ainsi qu'il résulte d'une pétition adressée par elle, le 12 janvier 1793, au Directoire du département de la Gironde. Il n'est pas sans intérêt d'insister quelque peu sur les faits qui ont donné lieu à cette pétition.

Le 31 janvier 1792, M. Godet du Brois, père de Mme de Lamolère et résidant à la Guadeloupe, écrivait à son gendre : « J'ai avisé hier MM. Brunaud (correspondants de messire Godet du Brois à Bordeaux) d'un envoi de 5o barriques de sucre, que j'ai chargées sur le navire *le Romulus,* capitaine Viard, pour en faire la vente et vous en compter le net produit, pour être par vous distribué, en forme d'étrennes, à tous mes petits-enfants, savoir : les vôtres, ceux de Mmes de Fodoas et de Beaumont, et la petite de Malartic, en exceptant la petite F. qui est ici et le petit Godet dont la présence me mettra dans le cas de suppléer moi-même. Je vous prie de dire à la chère Madelonette (Mme Madeleine de Lamolère) et à tous ceux qui vous intéressent en France, tout ce que votre tendresse pourra vous suggérer de plus tendre, vous assurant que je serai toujours avec des sentiments qui vous sont connus, votre très affectionné papa. Signé : Godet du Brois. »

Lorsque le navire *le Romulus* parvint en France, Jean-Baptiste était à Londres. MM. Brunaud, le considérant comme tombant sous la loi qui frappait les émigrés, refusèrent de lui remettre le prix des barriques de sucre. « Ce n'est pas à nous, écrivaient-ils en réponse à la réclamation qui leur fut adressée, de décider si l'application de cette loi regarde M. de Lamolère, mais ce que nous savons bien, c'est que nous ne voulons pas et ne pouvons pas nous en écarter sans nous compromettre, ce à quoi nous ne sommes pas disposés à nous exposer. Nous sommes donc obligés de répondre négativement à la demande qui nous est faite. »

En présence de ce refus, Mme de Lamolère adressa la pétition ci-après au Directoire de la Gironde : « La citoyenne Godet Lamolère, demeurant ordinairement à Bordeaux, et résidant aujourd'hui dans la capitale, vous représente : que par faute d'être instruits des faits et de la conduite du citoyen Lamolère, son mari, il a été considéré comme émigré. Dans un mémoire que la citoyenne Lamolère vous a présenté aujourd'hui même, elle démontre que son époux ne peut être considéré comme ayant fui sa patrie et que par conséquent il doit rentrer dans ses propriétés et revenir librement au sein de sa famille.

« Mais cette question qui vous est soumise est indépendante d'une autre dont la décision est d'autant plus urgente que la citoyenne Lamolère l'attend avec autant de confiance que d'empressement pour se procurer les moyens de fournir aux besoins de ses six enfants.

« L'habitation du citoyen Lamolère, située à Saint-Domingue, a été brûlée et dévastée en 1791. Plus heureux, les habitants de la Guadeloupe ont évité les maux qui ont désolé notre plus florissante colonie. Le citoyen Godet, père de la réclamante, qui habite cette île, voulut aider à l'éducation de ses petits-enfants et leur faire un présent.

« Il expédia en conséquence 50 barriques de sucre à l'adresse des armateurs Brunaud, de Bordeaux, et chargea le citoyen Lamolère de partager le produit de cet envoi entre ceux de ses petits-enfants qu'il lui désigne nominativement en exceptant les autres. Ainsi ce n'est pas le citoyen Lamolère, mais bien ses enfants et les neveux de son épouse, qui ont un droit

de propriété sur le produit de l'envoi de 5o barriques
de sucre adressé à MM. Brunaud. Fût-il décidé, ce
qui sûrement n'arrivera pas, que l'époux de la
citoyenne Lamolère est du nombre des émigrés, la
somme demeurée entre les mains des citoyens Brunaud n'en doit pas moins être comptée par eux à
ceux auxquels elle appartient. Cependant, ils s'y
refusent par un excès de scrupules qu'il vous appartient de lever.

« Le citoyen Godet de la Guadeloupe a fait un don à
ses petits-enfants ; les sieurs Brunaud en sont dépo-
sitaires ; il faut qu'ils payent la portion de chacun à
eux ou à ceux que la nature et la loi ont faits déposi-
taires de leurs intérêts.

« C'est d'après cela, citoyens, que la réclamante vous
prie d'ordonner que les sieurs Brunaud verseront entre
ses mains, comme mère et légale administratrice de
ses enfants mineurs, en l'absence de leur père, les
sommes qui leur reviennent encore sur le don qui
leur a été fait par leur grand-père, et cela sur les
quittances de la citoyenne Godet Lamolère. Les biens
du citoyen Lamolère étant séquestrés, cette ressource
est le seul moyen de subsistance qu'aient les enfants
de la réclamante ; ils demandent leur propriété ; elle
ne saurait leur être refusée. »

Cette pétition fut renvoyée par le Directoire de la
Gironde à l'examen du district de Bordeaux puis à
celui de la municipalité. La délibération de celle-ci
est rédigée ainsi qu'il suit : « Les maire et officiers
municipaux considérant que, par une autre pétition,
la citoyenne Godet Lamolère demande à établir que
son mari ne peut pas être regardé comme émigré :
qu'en attendant que cette question soit jugée, la
séquestration qui a été faite des biens qui sont censés
lui appartenir doit toujours subsister ; que cependant

il n'est pas naturel que des fonds qui ont été directe-
ment envoyés à ses correspondants, les citoyens Brunaud, pour étrennes à ses enfants, par leur aïeul,
soient plus longtemps retenus, puisqu'ils ne lui
appartiennent pas ; estiment qu'il y a lieu d'en faire
la main-levée à la pétitionnaire, à la charge néanmoins
d'en faire le rapport, sous sa caution judiciaire, s'il en
était ainsi ordonné en définitive. »

La pétition fut renvoyée de nouveau à la municipalité de Bordeaux pour recevoir les déclarations des
citoyens Brunaud (1).

Ici s'arrêtent malheureusement les documents que
nous possédons sur cette affaire dont nous ne
connaissons pas la conclusion. Mais nous en savons
assez pour juger que Mme de Lamolère était, à
l'exemple de sa belle-mère, une femme de tête et
d'énergie.

Quelle qu'ait été d'ailleurs la décision du Directoire,
Mme de Lamolère ne pouvait en tirer des ressources
suffisantes pour continuer à vivre à Paris. La situation
y devenait de jour en jour plus périlleuse et Mme de
Lamolère dut se décider à son tour à passer à l'étranger. Elle se hâta de recueillir les fonds nécessaires,
tant pour elle que pour des amis, et lorsque ses affaires
furent terminées, elle partit, emportant une somme
considérable, pour la Belgique, où son mari et le reste
de sa famille devaient la rejoindre.

Elle se fit accompagner à Bruxelles par le sieur
Lacour, fils de l'homme de confiance de son mari et
frère de cette Marie Lacour à laquelle M. de Lamolère
avait fait don de 5oo francs à l'occasion de son
mariage. Ce Lacour profita d'une absence de Mme de

(1) Archives municipales de Bordeaux. Période révolutionnaire.
Série I. Emigrés.

Lamolère pour forcer le secrétaire et voler tous les fonds qu'elle avait apportés. Elle se trouva dans un tel dénuement qu'elle fut obligée d'emprunter 25 livres à un ami, M. de Martonie (1).

Nous n'avons aucun détail sur les circonstances vraisemblablement dramatiques dans lesquelles M. de Lamolère quitta Saint-Domingue avec ses enfants, ni sur son voyage de retour : toujours est-il que nous trouvons toute la famille réunie en Belgique vers le commencement de 1794.

Dès la fin de 1792, le nom de M. de Lamolère avait été porté sur le relevé général des émigrés ; on trouve son nom inscrit à côté de ceux de MM. Sans de Saint-Julien, Lamolère fils, de Brivazac, Barret, Dupérier, de Saint-Angel, etc. (2). Cette inscription eut pour conséquence la vente de ses biens comme biens nationaux.

En quittant Bordeaux il avait confié l'administration de Feuillas à son fermier, Jean-Baptiste Miahle, avec lequel il continua à correspondre pendant quelque temps. En 1793, Miahle ne recevant pas de lettres, alla déclarer à la maison commune de Floirac que le ci-devant seigneur de Lamolère avait émigré. Sur cet avis le citoyen Coursibault, maire de Floirac, nomma une commission municipale qui alla visiter le château de Feuillas, constata l'absence du propriétaire, saisit les papiers, dressa l'inventaire, mit le tout sous séquestre et en confia la garde à Miahle jusqu'à nouvel ordre. Au bout de deux ans, l'administration de la Gironde, ayant dûment constaté que M. de Lamolère avait émigré, fit vendre le domaine de Feuillas, le 16 prairial an III. Il fut acheté 95.524 livres par un

(1) Notice de M. Louis de Lamolère.

(2) *Histoire de Bordeaux*, par l'abbé O' Reilly, t. 5.

sieur Antoine Arnault. La maison de Bordeaux, hôtel de Fresnel, place Dauphine, avait été vendue le 5 du même mois au sieur Samuel Gosset, moyennant 126.000 livres (1).

M. de Lamolère résida en Belgique jusqu'à l'envahissement du pays par les Français. Il se rendit alors à la Haye. Chassé de ce nouvel asile, il chercha à gagner Amsterdam. Pendant le trajet il fut pris avec les siens par un parti de cavalerie français et conduit à Amsterdam, où il fut, avec nombre d'autres prisonniers, consigné à l'hôtel de ville ; il y resta trois jours. Recueilli au bout de ce temps par une dame Wood, parente éloignée de Mme de Lamolère, dont la notice de M. Louis exalte la charité et le dévouement, il loua une maison, qui devint encore le refuge des émigrés et où même, grâce à la connaissance de Garat, le chanteur, compatriote de M. de Lamolère, on donna un concert de charité (2).

Lorsque la terreur fut passée, Mme de Lamolère regagna Paris avec Alzire et Louis : elle alla loger dans un petit réduit de l'hôtel de Larochefoucault, rue de Seine, et vu l'exiguité de ses ressources, y vécut très modestement. C'est pendant ce séjour à Paris qu'elle fit la connaissance de Mme Bonaparte, qui était sa parente (3).

M. de Lamolère rejoignit sa femme à Paris au mois d'août 1797 : il était accompagné de son fils Jean-Baptiste Edme, des citoyens Eloi Fleury, précepteur de ses enfants et Louis Céris, son domestique (4).

---

(1) *Châteaux de la Gironde,* par Guillon, t. III.
(2) Notice de M. Louis de Lamolère.
(3) Notice de M. Louis de Lamolère.
(4) Certificat de passeport. — Dossier Lamolère. — Archives du Ministère des colonies.

Mais trouvant probablement l'installation de sa femme insuffisante, il partit avec sa famille pour la Suisse et se rendit à Soleure où il passa l'hiver 1797-1798. Dès le printemps de 1798, il revint à Paris et se logea rue de l'Université, n° 307.

C'est de là que les pétitions suivantes furent adressées au Ministre de la Marine et des Colonies.

« A Son Excellence le ministre de la Marine. Lamolère veuve Sans de Saint-Julien a l'honneur de vous exposer qu'elle est propriétaire, comme représentant ses enfants, d'un tiers de l'habitation de Sans, située à Saint-Domingue, quartier de Maribaron ; elle demande à votre Excellence d'être admise aux secours accordés aux propriétaires de Saint-Domingue. Salut et respect. »

« Rue de l'Université, N° 307, Faubourg Saint-Germain. »

(Sans date).

« A Son Excellence le Ministre, etc. J'ai l'honneur de demander à votre Excellence de vouloir bien m'admettre au nombre des créoles de Saint-Domingue auxquels le gouvernement veut bien accorder des secours. Ma propriété consiste en une sucrerie appelée Lamolère, quartier Morin à la grande Rivière. Ma famille se compose de Madeleine-Antoinette Godet, ma femme, de Claire-Nicole, d'Alzire Désirée, d'Edme-Jean-Baptiste, de Marie Angélique Louis. Je n'ai nulle propriété en France. Salut et respect. Lamolère. »

« 307, rue de l'Université, faubourg Saint-Germain, 28 floréal. »

(Sans millésime.)

Citons aussi la pièce suivante, en date du 3 fructidor an VII, relative au même objet :

« Rapport. — La citoyenne Godet, femme Lamolère, représente que son boulanger, à qui elle doit
trois mois, lui refuse du pain. Elle prie le ministre de
lui accorder des secours, ceux fixés par la loi ne lui
étant pas payés. *Observation :* Il paraît que la
citoyenne Lamolère ne sollicite point d'acompte sur
ses propriétés situées à la Guadeloupe et à Saint-
Domingue, et qu'elle espère que le ministre lui
donnera de sa bourse, comme en usait son prédéces-
seur envers plusieurs colons. — Renvoyé au Ministre
de l'Intérieur. S. M. A. R. » (1).

Quelques mois auparavant, le 7 ventôse an VII,
l'inscription du nom de Jean-Baptiste de Lamolère
sur la liste des émigrés avait été confirmée par arrêté
du Directoire exécutif.

Mais l'horizon commençait à devenir moins sombre
pour la France : l'étoile de Bonaparte était de plus
en plus brillante et la famille de Lamolère pouvait
espérer que la protection de Joséphine l'aiderait à
sortir de sa triste situation. Sur l'invitation de celle-ci,
M. de Lamolère se rendit aux Tuileries au mois de
juin 1800 (2).

Dès lors il concentra tous ses efforts vers un seul
but : la radiation de son nom de la liste des émigrés.

A cet effet il fit réunir le dossier dont nous avons
cité plusieurs pièces, et après les délais nécessités par
l'enquête, il fut admis à prêter serment de fidélité à
la Constitution du 16 vendémiaire an IX. Le 6 ventôse an X (février 1802), un arrêté des Consuls
décidait que l'arrêté du Directoire en date du
7 ventôse an VII cité plus haut était rapporté et que
le nom du sieur Lamolère était définitivement rayé
de la liste des émigrés.

(1) Archives du Ministère des colonies. Dossier Lamolère.
(2) Notice de M. Louis de Lamolère.

Il rentrait en possession des biens qu'il possédait et qui n'avaient pas été aliénés ou dont il n'avait pas été disposé par l'arrêté de 24 thermidor an IX. Il ne pouvait prétendre à aucune indemnité pour ceux de ses biens qui avaient été vendus. Il devait être porté sur la liste des propriétaires de biens situés aux colonies qui avaient droit à la mainlevée de leur séquestre (1).

Quel avantage M. de Lamolère tira-t-il de cet arrêté ? certainement celui de pouvoir vivre en France sans être inquiété ; mais au point de vue de ses biens, le profit fut nul : le château de Feuillas et l'hôtel de Bordeaux avaient été vendus ; la sucrerie de Saint-Domingue avait été deux fois dévastée. M. de Lamolère avait alors 68 ans.

Fatigué de la vie de la capitale, craignant que ses ressources n'y fussent pas suffisantes, il acheta une petite maison à Neuilly-sur-Marne, où il vécut le reste de ses jours. Tombé malade pendant une absence de sa femme dans le Midi, il mourut le 17 août 1808, âgé de 74 ans. Mme de Lamolère mourut à Paris le 4 avril 1814.

De son mariage avec Mlle Godet du Brois, Jean-Baptiste de Lamolère eut sept enfants.

1° Louis-Hubert, né le 5 août 1771, à Bordeaux, fut baptisé le lendemain à l'église Saint-André. Il fut tenu par messire Louis-Hubert Godet du Brois, son grand-père maternel, et dame Jeanne-Marguerite de Lamolère, sa tante paternelle, représentés par M. Bernard Augereau, greffier de la maréchaussée, et demoiselle Françoise Marcotte (2). Louis-Hubert est désigné

(1) Archives du Ministère des colonies (dossier Lamolère).

(2) Archives municipales de Bordeaux. GG. Paroisse Saint-André.

sous le nom de Fanfan dans la relation de son frère Louis ; nous avons vu que, en 1792, il alla rejoindre l'armée des Princes avec son frère cadet, Edme-Gabriel et son beau-frère, M. de Saint-Julien.

2° Marie-François-Jean-Baptiste, né le 13 avril 1775, fut baptisé le surlendemain en l'église Saint-Seurin. Il eut pour parrain messire François-Gédéon Godet des Maretz, représenté par M. Louis Dupré, et pour marraine dame Marie-Adélaïde de Drez, épouse de M. Dausseur, écuyer (1). Nous n'avons aucun renseignement sur la vie de ce second fils de M. et Mme de Lamolère.

3° Claire-Nicolle, dite Clarisse, née en 1776, épousa en 1790 messire Marie-Joseph-Jean-Jacques de Sans de Saint-Julien, écuyer, fils de feu Elie de Sans, écuyer, et de dame Marie-Elisabeth de Croiseuil. Elle avait 14 ans environ et le futur en avait à peine 17 (2).

Le contrat fut signé le 24 avril 1790. Le futur époux procédant du consentement et assistance de M. Géraud Roumegoux, négociant, son curateur, se mariait avec tous les biens et droits provenant de la succession de son père.

La future épouse recevait de ses père et mère une dot de 90.000 livres à laquelle elle ajoutait elle-même une somme de 10.000 livres provenant d'un legs à elle fait par M. Chesnier, son parrain. Parmi les signataires du contrat nous rencontrons les noms déjà connus des parents ou alliés des Lamolère : du Hamel, Dupérier de Lislefort, Barret de Férand, de Brivazac, de Saint-Angel, Dumyrat..., et du côté du futur, les de Montjou, de Sentout, Chasteaux, de Faget, etc. (3).

(1) Archives municipales de Bordeaux. Paroisse Saint-Louis.
(2) Notice de M. de Lamolère.
(3) Minutes de Laville.

La cérémonie religieuse eut lieu le 28 avril à l'église Saint-Seurin ; les fiançailles furent célébrées au point du jour et immédiatement après le mariage. Les témoins étaient, pour la mariée, messire Edme Jean-Baptiste Barret de Ferrand, oncle paternel, et messire Edme-Jean-Baptiste de Brivazac, comte de Beaumont, oncle maternel ; et pour le marié, messire Barthélemy de Basterot, conseiller au Parlement, son cousin, et messire Guillaume de Sans, seigneur de Seigneuret, son frère (1).

Les fêtes données à l'occasion de ce mariage à l'hôtel de Fresnel furent splendides ; M. Louis de Lamolère en fait, d'après ses souvenirs d'enfance, une pompeuse description.

Armes des Saint-Julien.

D'azur à deux lions affrontés d'or, armés et lampassés de gueules, accompagnés en chef d'une fleur de lys d'argent, en pointe d'une merlette de même (2).

Nous avons vu plus haut que M. de Saint-Julien alla rejoindre l'armée des Princes en 1792. Il mourut à une date qui ne nous est pas connue.

(1) Archives municipales de Bordeaux. Série GG. Paroisse Saint-Seurin.

(2) Communication de M. le général de Saint-Julien et Riestap, 11, 751.

Claire-Nicolle épousa en secondes noces le baron de Lagonde. De ce mariage naquit une fille qui épousa le marquis de Tonquedec (1).

4° Françoise-Guillaume, dite Juliette, née le 24 mai 1771, fut baptisée le lendemain en l'église Saint-Seurin, à Bordeaux. Elle eut pour parrain Guillaume de Lamolère de Feuillas, écuyer, et pour marraine demoiselle Françoise Godet (2). Elle épousa, au mois d'octobre 1800, Etienne-Félix de Lamolère de la branche du Quercy (3). Nous avons vu dans la notice sur les Lamolère de cette branche que cette union ne fut pas heureuse. Juliette, devenue mère d'un fils nommé Jules, tomba malade à Versailles et y mourut en mars 1803. Le petit Jules ramené à Paris par la famille de sa mère y mourut peu de temps après.

5° Edme-Gabriel-Jean-Baptiste, dit Aimé, né le 3 juin 1779, à Bordeaux (4). Il suivit son frère aîné et son beau-frère à l'armée des Princes en 1792 et y servit sans interruption jusqu'au 31 décembre 1796 (5).

Il est probable qu'il fut rayé de la liste des émigrés en même temps que son père, car nous le trouvons en 1805 dans l'administration des contributions indirectes. Il fut receveur à cheval à Nantes le 1er décembre 1806, contrôleur de ville à Rennes en 1807, contrôleur ambulant à Cahors en 1809, contrôleur principal à Kreutznach en 1811.

---

(1) Communication de M. Alphonse de Lamolère.

(2) Archives municipales de Bordeaux. GG. Paroisse Saint-Seurin.

(3) Voir les détails dans la notice sur les Lamolère du Quercy.

(4) Ce renseignement ainsi que ceux qui suivent sont extraits des Etats de services de M. Edme de Lamolère. (Archives du ministère de la guerre).

(5) Ce renseignement est en contradiction avec le certificat qui nous signale Edme-Jean-Baptiste comme débarquant avec son père à Saint-Domingue le 20 janvier 1793.

Il quitta cette administration en 1814, et fut admis le 1er juin 1814, avec son frère Louis, aux gardes du corps dans la compagnie de Gramont. Pendant les Cent jours il suivit les Bourbons et accompagna le Roi à Gand. Après la seconde abdication de Napoléon, il rentra en France le 8 juillet 1815, avec son frère Louis, à la suite de péripéties qui seront exposées plus loin.

Nommé en 1815 capitaine de gendarmerie à la compagnie de la Charente, il passa successivement à la compagnie du Tarn-et-Garonne en 1817 et à celle des Pyrénées-Orientales en 1818. Promu chef d'escadron et classé dans la gendarmerie d'élite en 1822, il passa avec le même grade à la compagnie de la Seine en 1826. Il avait été fait chevalier de Saint-Louis, à une date qui nous est inconnue, avant 1815.

Sur une feuille de notes en date du 1er novembre 1826, signée par son chef de corps, le colonel marquis de Sanzillon, on trouve les appréciations suivantes : « Homme d'esprit, bien élevé, eût fait un officier très distingué, s'il fût entré de bonne heure dans la carrière militaire ; mène très bien sa compagnie, s'occupe de ses hommes, les dirige avec justice et impartialité. Il est dommage que cet officier soit atteint d'une maladie gastrique chronique, qui, malgré son énergie, son activité, son courage vraiment extraordinaires, le rend incapable d'un travail soutenu (1). »

Edme-Gabriel avait épousé, le 4 frimaire an XII (novembre 1803), demoiselle Bénigne-Désirée Monbeau, née en 1781 à Saint-Gilles-sur-Vie (Vendée).

En 1830, il fut mis à la demi-solde. A cette occasion il adressa la pétition suivante au ministre de la Marine et des Colonies : « Monseigneur, Lamolère, Edme-Gabriel-Jean-Baptiste, propriétaire par indivis,

(1) Archives du ministère de la guerre.

avec son frère Louis et les enfants de sa sœur, de l'habitation sucrerie de Lamolère, sise quartier Morin, plaine du Cap, a l'honneur de vous exposer que, ayant droit aux secours du gouvernement, comme colon de Saint-Domingue, il n'a pas jusqu'à ce moment, fait valoir ces droits, attendu que depuis 1806, il a constamment occupé des places dans l'administration et dans l'armée ; mais que venant d'être dépossédé de l'emploi de chef d'escadron de la gendarmerie de la Seine, malgré la conduite toute française qu'il a tenue dans les événements de la fin de juillet, il se trouve avec son épouse, Bénigne Monbeau, réduit à l'absolue indigence et forcé de recourir à la justice de Votre Excellence, qu'il prie de vouloir bien ordonner qu'ils soient l'un et l'autre admis à toucher le plus tôt possible les secours que le gouvernement accorde aux infortunés propriétaires de Saint-Domingue.

« Privé de tout l'héritage de ses pères, cette ressource est la seule qui lui reste, Il a l'honneur etc. » En marge de la lettre est inscrite cette mention : « Admis, les propriétés du pétitionnaire étant connues. Le 31 août 1830. Signé : Vicomte de Léaumont (1). »

Retraité définitivement en 1832, Edme de Lamolère se retira à Ver (Calvados), où il mourut le 5 juin 1838. Sa veuve continua à y résider jusqu'à sa mort arrivée en 1848.

Des messes sont aujourd'hui encore célébrées en mémoire de M. et Mme de Lamolère dans la paroisse de Ver. Mme de Lamolère avait laissé à la fabrique une fondation de 200 francs à cette intention (2).

6° Louise-Antoinette-Jeanne-Marguerite, dite Alzire, née le 6 novembre 1782, fut baptisée le même jour en

(1) Archives du Ministère des colonies. Dossier Lamolère.
(2) Communication de M. le Curé de Ver.

l'église de Floirac. Le parrain fut messire Louis-Antoine Lefebvre, chevalier de Saint-Louis, ancien lieutenant-colonel du régiment Mestre-de-Camp-Cavalerie, représenté par Edme, frère de l'enfant ; la marraine, dame Jeanne-Marguerite Barret, tante paternelle, représentée par Claire-Nicolle, sœur de l'enfant (1).

Alzire épousa M. de Saint-Cyr, gentilhomme âgé, de grande distinction, riche propriétaire dans les environs de Villeneuve-d'Agen (2). D'après M. Louis de Lamolère, M. de Saint-Cyr avait promis à sa femme de magnifiques avantages en l'épousant : il mourut sans réaliser ses promesses et laissa Alzire dans une situation gênée. Elle mourut elle-même le 21 mars 1811, à 28 ans.

7° Angélique-Amour-François-Désiré, dit Louis, dit Benjamin, né le 19 novembre 1785, fut baptisé le surlendemain en l'église de Floirac. Parrain, messire François-Désiré de Godet, grand-père de l'enfant, représenté par Edme, son frère ; marraine, demoiselle Madeleine-Angélique de Barret, veuve de messire Guillaume de Brivazac, tante paternelle, représentée par demoiselle Jacquette Dupérier de Lislefort (3).

Nous avons suivi l'histoire de Louis, qui est intimement liée à celle de ses parents jusqu'à la mort de sa mère arrivée le 4 avril 1814. Il avait alors près de 29 ans.

Nous avons vu aussi que cette même année, à la rentrée des Bourbons, il fut admis, ainsi que son frère aîné dans les gardes du corps, compagnie de Gramont.

Au retour de l'île d'Elbe, les deux frères suivirent le roi. A peine hors de France, les gardes du corps

(1) Archives municipales de Floirac. GG.
(2) Notice de M. Louis de Lamolère.
(3) Archives municipales de Floirac. GG.

furent licenciés. MM. de Lamolère passèrent la plus grande partie des Cent Jours à Alost, en Belgique, attendant le moment d'utiliser leur dévouement. Dans ce but, ils demandèrent et obtinrent la faveur de se joindre à l'expédition que le duc d'Aumont dirigeait en Normandie.

Le 1er juillet 1815, les deux frères s'embarquèrent à Ostende ; le 7 juillet, après avoir touché à Jersey, leur navire alla échouer à Arromanches, en face d'un petit fort dont les défenseurs firent feu sur eux. Ils débarquèrent néanmoins, se jetèrent à la mer pour aborder et s'emparèrent du fort.

Quelques jours plus tard, ils apprenaient la bataille de Waterloo et la chute définitive de l'empire. Dès le lendemain, Louis de Lamolère partait pour Paris à la suite de M. de Montmorency.

Il termine ici sa relation, non sans rappeler les déceptions qu'éprouvèrent, par la suite, les plus fidèles serviteurs des princes (1).

Louis de Lamolère épousa en 1816, demoiselle Estelle de Chastaignier de la Roche-Pozay.

Armes des Chastaignier de la Roche-Pozay.

D'or au lion posé de sinople (2).

(1) Notice de M. Louis de Lamolère.
(2) Riestap. Armorial général.

Il obtint un emploi dans l'administration des Postes et devint inspecteur divisionnaire au Mans, où il habitait un petit château, nommé Isaac, qui existe encore. Il touchait une pension à titre d'ancien colon de Saint-Domingue.

Il mourut au Mans le 29 décembre 1879, à l'âge de 94 ans (1), laissant trois filles, dont l'une, Louise Marie, épousa M. de Villers et les deux autres restèrent célibataires.

De la branche de Bordeaux, il ne reste aucun rejeton portant le nom de Lamolère.

(1) Archives municipales du Mans.

SOURCES

Renseignements puisés aux archives départementales de la Gironde, aux archives municipales de Bordeaux, de Lauzerte (Tarn-et-Garonne), de Floirac (Gironde), par M. Dumas de Rauly, archiviste du Tarn-et-Garonne.

Renseignements puisés aux mêmes sources et aux archives des notaires de Bordeaux par M. Rousselot, sous-archiviste de la Ville de Bordeaux.

Renseignements recueillis à Bordeaux par M. Le Comte.

Renseignements puisés aux Archives nationales, aux archives du ministère de la guerre, du ministère des colonies, par le général Demimuid Treüille de Beaulieu.

Renseignements fournis par M. Dast de Boisville, de Bordeaux.

Notice de M. Louis de Lamolère, du Mans, communiquée par M. le colonel A. de Lamolère.

BRANCHE DE MORLAAS

D'après une tradition des Lamolère de l'Orléanais, ceux du Quercy, dont ils descendent, auraient tiré leur origine de la branche de la famille qui habitait le Béarn.

Il n'a pas été possible de confirmer cette tradition ni même d'établir une filiation certaine entre les deux branches. Il semble cependant très probable que celle du Béarn se rattache au vieux tronc de Lauzerte.

On se rappelle en effet que Hugues Lamolère, qui vivait à Lauzerte vers 1350, eut pour femme Bertrande de Morlach. Or à cette époque les notaires désignent souvent les femmes par leur seul prénom ; il n'y aurait rien d'extraordinaire à ce que Constantin Faure, notaire à Lauzerte, ait écrit Bertrande de Morlhac au lieu de Bertrande de Morlaas (1).

Par la suite, grâce au pèlerinage de Notre-Dame des Vaux, les relations entre la famille du mari et celle de la femme se maintinrent, et dès lors il serait très naturel que certains descendants de Bertrande soient allés à leur tour se fixer dans le pays d'origine de celle-ci.

Une autre preuve de la communauté d'origine, c'est que les armes des Lamolère du Béarn étaient les mêmes que celles des Lamolère du Quercy.

Quoi qu'il en soit, il est prouvé par le dénombrement des feux du Béarn, fait en l'an 1385 (2), qu'il n'y avait aucun Lamolère établi à Morlaas à cette date. C'est seulement deux siècles plus tard que l'on rencontre

(1) Minutes de Faure Constantin, registre n° 3, folios 129 à 133.

(2) Archives des Basses-Pyrénées, tome 5.

Denis de Lamolera de la Viela de Morlaas qui assista aux Etats du Béarn en 1551. En outre, un document de 1570 relatif aux tailles révèle à cette dernière époque la présence d'un Lamolère à Morlaas.

A la fin du xvie siècle, on comptait déjà un certain nombre de personnes du même nom dans cette ville. Une enquête faite à cette époque (1) par les commissaires délégués du roi de Navarre, pour le recensement de son domaine à Morlaas, donne, en roman, les indications suivantes :

« Voici les noms des propriétaires des maisons situées de l'autre côté de la rue du Bourg-Mayour :

« Ramon de Lamolera thien une mayso et caso et place qui confronta ab ostau et casaus de Jacmet de la Codura et ab la carriera publica et ab le barat (2) de la villa.

« Item una terra al barri (3) du Bourgnau que thien ab terra de Arnaud de Lamolera.

« Jacmet de Lamolera thien une mayso que confronta ab ostau de Mosseu Marty de Cerro et ab la carriera publica et per darrer ab lo barat de la villa. »

D'après les archives des Basses-Pyrénées, Ramon de Lamolère dont il vient d'être question, était jurat de Morlaas en 1581.

Michel ou Miquel de Lamolère.

Le premier membre de la branche de Morlaas que l'on puisse citer avec certitude est Michel ou Miquel

---

(1) Archives des Basses-Pyrénées, B 931, folios 20, 94, 96.
(2) Le barat de la villa, — le mur de la ville.
(3) Al barri, — au faubourg.

de Lamolère qui vivait vers 1550 (1). Il est signalé dans le contrat de mariage de son petit-fils (2) qui portait le même prénom que lui, comme ayant acquis la métairie de Lassus, à Serre-Morlaas (3).

Jacmet (ou Jayme ou Jacques) de Lamolère.

Jacmet de Lamolère, fils du précédent, fut garde de la monnaie de Morlaas, en 1574. A son exemple, nombre de membres de la branche de Morlaas, aussi bien, d'ailleurs, que des autres branches, ont occupé des emplois dans les cours des monnaies, Jacmet figure dans le registre des tailles de 1570 ; il fut plusieurs fois jurat de Morlaas.

Miquel de Lamolère.

Miquel de Lamolère (2e du nom), fils de Jacmet, fut, comme son père, garde de la Monnaie et plusieurs fois jurat de Morlaas, notamment en 1580 ; il figure dans le registre des tailles de 1579, 1583 et 1593.

Miquel eut une sœur, Bartholomée, qui épousa Auger de Lagarde, de Morlaas, d'une famille également attachée à la monnaie (4).

(1) L'historique de la branche de Morlaas ne sera guère, vu le manque de renseignements suffisamment circonstanciés, qu'une nomenclature généalogique.

(2) Pièce appartenant à Maître Lahitte, notaire à Morlaas.

(3) Cette métairie appartient encore à la famille Lahitte qui descend de la famille de Lamolère.

(4) Acte de 1583, appartenant à Maître Lahitte, notaire à Morlaas.

Il fit ses pactes de mariage le 14 mars 1580, étant jurat de Morlaas, avec demoiselle Jeanne du Prat, de la ville de Pau (1). La future épouse fut dotée par sa sœur ainée, Marie, et son beau-frère, Arnaud de Bourdieu ; elle reçut d'eux une somme de 500 écus Δ (2), un mobilier et divers accoutrements nuptiaux.

Miquel hypothéqua pour la sûreté de la dot, tous ses biens et entre autres la maison sise à la Hourquie de Morlaas et sa borie de Lassus, acquise par son grand-père Miquel.

La Hourquie ou Fourquie était l'emplacement du palais des vicomtes de Morlaas (3) ; on y frappait la monnaie qui porte souvent le mot de Fourcas ou Fourquie de Morlaas. Les fourches patibulaires étaient plantées sur cet emplacement.

Miquel laissa au moins trois fils :

a) Daniel qui suit ;

b) Guirault ou Gérault, qui épousa demoiselle Françoise d'Arsault et mourut sans postérité.

c) Pierre, prêtre recteur d'Escoubet.

Daniel de Lamolère.

Daniel, fils aîné de Miquel de Lamolère, fut, comme son père et son grand-père, employé à la monnaie. Il est qualifié dans son acte de mariage monedor (garde de la Monnaie) en la moneda de Morlaas.

Il épousa demoiselle Philippe du Bourg, de la maison noble de Cassaigne de Minsens.

(1) Acte reçu par Guillaume de Lavie, notaire à Soubaste.
(2) On désignait ainsi l'écu de 3 livres en comptabilité.
(3) *Monnaies de Morlaas*, par Max. Deloche.

Armes des du Bourg.

Daniel fut assisté à son mariage par Pierre de Lamolère, recteur d'Escoubet, son frère, par noble Isaac de Lagarde, sieur d'Abère, général des monnaies du Béarn, et Jonas de Lagarde, ses cousins. L'épouse était assistée par Etienne du Bourg et dame Anne de Carrère, ses père et mère, du lieu de Saint-Geny, en Gascogne, par Isaac du Casse, procureur de la maison de Minsens, etc. Les fiançailles dataient du 26 juillet 1612 ; les pactes furent faits le 16 septembre 1614. La dot de la future était de 2.000 livres. Noble Pierre de Brugeolles et demoiselle Jeanne de Castelvert, sa femme, lui donnèrent en outre 600 livres.

En 1627, Daniel fut jurat de Morlaas (2).

De son mariage avec Philippe du Bourg, il eut plusieurs enfants.

a) Miquel (3ᵐᵉ du nom).

b) Agnès qui épousa, le 16 septembre 1635, noble Jean de Laugar, de la ville de Pau.

Le futur époux fut assisté dans l'acte par Marie du Casse, sa mère, veuve de noble Louis de Laugar, par

(1) Rietstap, 1, 271.

(2) Archives municipales, BB. 2.

Jean de Laugar, Jean du Casse, seigneur de Biganos, ses oncles, et Jean de Laplace, son cousin germain paternel.

La future épouse était assistée par Messire Daniel de Lamolère, son père, dame Philippe du Bourg, sa mère, Pierre de Lamolère, son oncle, etc. Elle reçut une dot de 250 écus Δ, des meubles et des vêtements nuptiaux.

c) Marguerite qui épousa, le 1ᵉʳ mars 1640, Théophile de Bonnefon.

Le futur était assisté de Jeanne d'Escout, sa mère, veuve de Pierre Bonnefon, avocat, et de Bernard de Lespée, son oncle. La future était assistée de Daniel de Lamolère, son père, Pierre, son oncle, Jean de Laugar, son beau-frère, etc. Elle reçut en dot l'oustau de Lamolère, situé au faubourg de Marcadet, à Morlaas, 56 écus et des vêtements.

d) Pierre qui suit.

e) Jeanne, restée célibataire.

f) Jeanne qui épousa François de Salinis, avocat au Parlement. Elle mourut à Morlaas le 8 novembre 1693 et y fut inhumée en l'église Sainte-Foy, au tombeau des Lamolère, sous la chaire (1).

Pierre de Lamolère.

Pierre de Lamolère, avocat et notaire public à Morlaas, fut marié, le 23 août 1652 (2), à demoiselle Marie du Faget, fille de Bernard du Faget, avocat à Orthez.

(1) Registre de Sainte-Foy : GG 14.

(2) Le contrat a été passé chez Maître Isaac de Costa, notaire à Orthez ; il se trouve au dossier Lahitte.

Armes des du Faget.

D'argent, à un rocher de sable, surmonté d'un pigeon d'azur, sur une terrasse de sinople (1).

Pierre de Lamolère recevait chez lui nombre de jeunes gens appartenant à la noblesse et à la haute bourgeoisie qui venaient prendre des leçons de jurisprudence : parmi eux se trouvaient les fils du baron de Doumy, du baron de Vieilla, de MM. de Bellard, de Castillon, de Perrissous, d'Abbadie, de Moncla, de Salinis, etc. (2).

Pierre Lamolère mourut le 15 août 1672 ; il avait eu six enfants :

a) Pierre, 2ᶜ du nom, qui suit.

b) Jacob, né le 16 février 1655 ; il fut baptisé le 2 mai et eut pour parrain le baron de Doumy et pour marraine la dame de Montaut.

c) Marguerite, née le 6 août 1656, baptisée le 15 septembre et morte le lendemain de son baptême, Elle fut ensevelie dans un des quatre tombeaux que la famille possédait en l'église de Sainte-Foy, entre les deux premiers piliers à main droite en entrant (3).

(1) *Armorial général*. Béarn, p. 12.

(2) Carnet de Pierre de Lamolère, appartenant à Maître Lahitte.

(3) Carnet de Pierre Lamolère.

d) Marie, née le 17 novembre 1657, baptisée par le le R. P. Accurse, cordelier. Parrain, Ramon de Casson, curé d'Audoins. Elle resta célibataire et mourut le 27 août 1708.

e) Bernard, né le 20 octobre 1659, décédé le 5 février 1670.

f) Suzanne, née le 18 novembre 1660, baptisée par le R. P. Estaben, eut pour parrain M. Michel de Thil, de Pau, et pour marraine dame Suzanne de Laugar, sa femme. Elle mourut célibataire, le 12 mars 1702.

Pierre de Lamolère (2ᵉ du nom).

Pierre de Lamolère (2ᵉ du nom) naquit à Morlaas le 28 août 1653. Il fut baptisé en l'église de Sainte-Foy, par le R. P. Meynard. Parrain, Guiraud de Lamolère, grand-oncle de l'enfant ; marraine, Françoise d'Arsault, femme de Guiraud.

Pierre épousa à une date qui ne nous est pas connue demoiselle de Lardoeyt, sœur de Guillaume de Lardoeyt, huissier en la cour.

Devenu veuf à la suite de cette première union, il épousa en secondes noces, le 6 mars 1685 (1), demoiselle Anne-Françoise de Lavie, de la ville de Pau, fille de M. Etienne de Lavie et de demoiselle Marie de Dieu. Il fut assisté dans l'acte par ses deux tantes Jeanne et Jeanne de Lamolère, par sa sœur Marie, par MM. Jean de Bonnecave, avocat, et Pierre de Tristan, bourgeois, ses parents. Mademoiselle de Lavie était assistée par ses père et mère, par Guillaume de Lar-

(1) Acte rapporté par Jean de Cazenaze, notaire à Pau. (Archives des Basses-Pyrénées E. 2059 p. 94).

doeyt, huissier en la cour, et Jean de Lostau, ouvrier en la monnaie de Pau, ses beaux-frères.

Pierre mourut en 1694.

De son mariage avec Mademoiselle de Lavie, il laissa :

a) Etienne, notaire enquêteur en la cour, qui épousa demoiselle Marie de Lardoeyt, et résida à Pau. Il hérita étant encore mineur de sa tante Marie qui est signalée dans l'acte de mariage de son père.

b) Jeanne.

c) Jean-Pierre qui suit :

Jean-Pierre de Lamolère.

Jean-Pierre de Lamolère fut notaire enquêteur en la cour, comme son père et son frère Etienne.

Il hérita de sa grand'tante Jeanne de Lamolère, veuve de M. de Salinis, décédée en 1693, suivant testament du 8 octobre de la même année, et plus tard de son frère Etienne. Il réunit ainsi presque tous les biens de la famille, ce qui le mit dans une assez belle situation pécuniaire.

Il épousa, le 11 février 1733, demoiselle Davide (alias Thabita) de Touya de Jurque, fils de noble Jean-Jacques de Touya, née le 24 décembre 1699 à Paris (1).

(1) Archives municipales. GG 11 f° 20.

Armes des Touya de Jurque.

De sinople à un tonneau d'argent (1).

Le contrat figure aux archives départementales (2).

Thabita de Jurque avait deux sœurs, Adriane et Catherine. Adriane épousa, en 1721, M. Antoine de Bordeu, docteur médecin ; celui-ci fut père de Théophile de Bordeu, l'un des médecins les plus célèbres de son temps.

Jean-Pierre laissa trois enfants :

a) Anne qui épousa M. de Lassaguet.

b) Félix-Raymond qui suit.

c) Pierre Sylvain, qui alla chercher fortune à Paris et devint, en 1794, directeur du grand livre de la dette publique.

Dans une lettre à son frère en date du 24 messidor an II, Pierre-Sylvain se dit complètement absorbé par les travaux inhérents à sa fonction. Il songe à se préparer une retraite en achetant un petit bien dans son pays natal « pour s'y reposer lorsque l'œuvre immense qu'on lui a confiée sera terminée, et s'il survit à sa fatigue ».

(1) *Armorial général*. Béarn, p. 74.
(2) Archives départementales. E 2059, p. 74.

Il était encore au même poste dix ans plus tard et figure avec le même titre sur les almanachs impériaux du commencement du xixᵉ siècle. Il fut nommé membre de la Légion d'honneur le 20 mars 1810.

Par décret confirmatif du 23 juillet de la même année il fut autorisé à se dire et qualifier chevalier avec transmission à sa descendance masculine, directe, légitime, naturelle ou adoptive, et à porter les armoiries suivantes :

Armoiries de Pierre-Sylvain de Lamolère.

D'or au livre ouvert d'argent, à tranches de gueules et à couverture de sinople, soutenu d'un vol de sable ; champagne de gueules du tiers et l'écu au signe des chevaliers, qui est une étoile d'argent (1).

Il mourut à Paris ; sa succession passa à la famille de sa femme, demoiselle Pech.

Félix-Raymond de Lamolère.

Félix-Raymond de Lamolère servit pendant ses jeunes années aux mousquetaires du Roi.

En 1771, noble Jean-Jacques de Saint-James de

(1) Papiers de famille. Brevet du titulaire.

Morlaas lui céda, par donation entre vifs (1), la maison noble de Barattnau. Par suite de cette donation il entra aux Etats généraux du Béarn, où il figura en 1771, 1780 et 1786 (2).

A la même occasion il obtint la confirmation de ses armes qui étaient les mêmes que celles des Lamolère de la branche du Quercy : d'azur au griffon d'or, lampassé de gueules, au chef de gueules, chargé de deux meules d'or percées du champ. Casque de chevalier, lambrequin aux couleurs de l'écu, azur et gueules.

Félix-Raymond épousa demoiselle de Peyrelongue qui décéda sans enfants.

Avant son mariage, il avait eu un fils naturel qui fut baptisé sous le nom de Pierre, le 26 juillet 1762. Une déclaration de trois notables de Morlaas, en date du 15 mai 1788, fait connaître que Félix-Raymond de Lamolère a toujours reconnu Pierre pour son fils, qu'il lui a donné une éducation convenable, que Pierre a parfaitement répondu aux vues de son père et qu'il est passé depuis quelques années aux îles de Saint-Domingue. A la même date du 15 mai 1788, Félix-Raymond fit une demande de lettres de légitimation pour son fils, et constitua, à cet effet, pour son procureur général et spécial son frère Pierre-Sylvain, chef de bureau au Trésor royal. Les lettres de légitimation furent accordées par Louis XVI au mois de février 1791 (3). On n'a jamais entendu reparler de ce Pierre Lamolère.

Félix-Raymond épousa en secondes noces demoiselle noble Marie de Picamilh, des seigneurs de Beaucaire.

(1) Registre des donations entre vifs, f° 5 B. 7024.
(2) Arch. des Basses-Pyr. C. 806, 1012, 1305, 1360.
(3) Dossier appartenant à M. Lahitte.

Armes des Picamilh.

D'argent au chevron de gueules accompagné en pointe d'un oiseau au naturel becquetant un mil de sinople ; au chef d'azur chargé d'un soleil rayant d'or (1).

Jacques-Sylvain-Christophe de Lamolère.

Jacques-Sylvain-Christophe de Lamolère, fils de Félix-Raymond et de demoiselle de Picamilh, fut juge de paix du canton de Morlaas et maire de cette ville.

Il épousa demoiselle noble Jeanne-Alexandrine-Madeleine de Caubios, fille de messire Jacques de Caubios et de dame Marie-Louise Félicité du Casse.

Armes des Caubios.

Ecartelé au 1ᵉʳ et au 4ᵉ d'azur, au cerf passant d'or qui est Caubios ; au 2ᵉ et 3ᵉ d'or à 4 vergettes de gueules qui est Foix (2).

(1) Rietstap, 11, 43 a.
(2) Papiers de famille.

Jacques-Sylvain Christophe a laissé à Morlaas une belle réputation d'honorabilité et de bienfaisance. Il se livra à la culture des lettres et écrivit, en langue béarnaise, un certain nombre de poésies qui furent publiées de son vivant. Quelques-unes ont conservé la saveur des chansons de Béranger ; on les chante encore dans les villages.

Jacques-Sylvain-Christophe décéda à Morlaas le 23 avril 1863. Alexine de Caubios était morte l'année précédente, le 5 août 1862.

De leur union naquirent deux enfants :

a) Jenny, qui épousa, en 1828, M. de Laborie, receveur des domaines ; elle adopta une jeune parente à qui elle laissa son nom et ses biens. Mlle de Laborie épousa M. Lahitte, notaire à Morlaas.

b) Edouard de Lamolère, qui suit.

Edouard de Lamolère.

Edouard de Lamolère, fils de Jacques-Sylvain-Christophe et de demoiselle de Caubios, alla compléter ses études à Paris où il rencontra Félix de Lamolère, de la branche du Quercy, nouvellement marié à Mlle Legrand de Melleray. A cette occasion, les relations devinrent naturellement plus étroites entre les deux branches.

Edouard de Lamolère épousa Mlle Hortense Broca en 1844. Il fut longtemps conseiller général des Basses-Pyrénées. Son instruction littéraire et artistique avait été poussée très loin. Comme son père, il écrivit des poésies béarnaises très appréciées, mais qui ne furent pas publiées ; il dessinait avec beaucoup de goût et était, en musique, un amateur très écouté.

Edouard de Lamolère mourut à Morlaas le 8 juin 1877, sans laisser de postérité.

Sa veuve continua à habiter la maison de famille, où elle s'éteignit le 23 août 1896, à 80 ans.

SOURCES

Dossiers appartenant à M. Lahitte, notaire à Morlaas.
Renseignements puisés aux archives départementales des
Basses-Pyrénées par M. Dumas de Rauly, archiviste du Tarn-
et-Garonne.

LE CHATEAU DE LA PERRINE

La terre de la Perrine est située sur la commune de Saint-Christophe qu'elle occupe presque tout entière, et par extension, sur les communes voisines de Bonneval, Moléans et Donnemain-Saint-Mamès. La rivière du Loir, sur les bords de laquelle se trouve le château, à neuf kilomètres environ de Châteaudun, la divise en deux parties à peu près égales.

La Perrine est un ancien fief dont l'origine est des plus reculées. Il existait dès les premières années du xiiie siècle et portait alors le nom de Mellon.

Un titre de cette époque (décembre 1218), relatif à la métairie du Goulet, dont nous aurons à nous occuper plus loin, mentionne une pièce de terre dépendant de cette métairie comme étant contiguë au domaine de Mellon.

C'est seulement au début du xve siècle que le nom actuel de la Perrine commence à paraître concurremment avec celui de Mellon, et à partir de 1480, il prévaut définitivement dans les actes.

Ce fief relevait des comtes de Dunois pour la plus grande partie des terres qui le composaient. Nous avons pu reconstituer la suite complète des seigneurs et propriétaires qui l'ont successivement possédé depuis le milieu du xive siècle jusqu'à nos jours.

Tous les détails que l'on va lire ont été puisés à des sources autorisées, telles que les ouvrages de la Chesnaye des Bois, du Père Anselme, de l'abbé Bordas, et dans les actes authentiques conservés au chartrier de la Perrine (1).

Nos plus anciens documents remontent à l'année 1379. A cette époque, la Perrine était la propriété de Jean de Chéchainville et d'Isabelle la Bernarde, son épouse, qui la vendirent cette année-là même à Guillaume du Plessis.

Ce nom de du Plessis a servi à désigner, dans les diverses provinces de France, un certain nombre de familles, d'ailleurs étrangères les unes aux autres. Celle dont nous avons à nous occuper était originaire de la Touraine et du Vendômois. Dans un aveu de l'an 1300 nous trouvons le nom de Jean du Plessis, chevalier, seigneur de la Chaise, paroisse de Thiville, près de Chartres.

Jean, deuxième du nom, fils de Jean qui précède, et de Thiéphaine d'Oisey, fut la souche de plusieurs maisons nobles, qui se distinguèrent les unes des autres par les noms de la Chaise, Savonnières, Perrigny, Asnières et Liancourt.

Les armes des du Plessis étaient d'argent, à la croix de gueules, chargée de cinq coquilles d'or.

Guillaume du Plessis, premier seigneur de la Perrine dans cette famille, deuxième fils de Jean II cité plus haut et de Jeanne de l'Espine, acquit de Chéchainville la terre et seigneurie de la Perrine, autrement appelée Mellon, par acte passé à la Cour de Châteaudun, le 16 mars 1379. Le 8 janvier 1393, ses cousins Guillaume et Perrette de Mézalent lui firent don de

(1) La présente notice est la reproduction abrégée du travail très complet fait sur la Perrine en 1884 par M. Le Comte et M. Juillard.

leur métairie d'Autheuil, dans la paroisse de ce nom, canton de Cloyes, qui prit dès lors le nom de Petite Perrine.

Guillaume modifia le blason de sa famille, et, à titre de brisure, porta d'argent à la croix *engrélée* de gueules, chargée de cinq coquilles d'or, ainsi que tous ses descendants (1).

Armes de la famille du Plessis.

Michel du Plessis, fils de Guillaume et de Jeanne de Rédeville, écuyer, seigneur de la Perrine, d'Ourchamps (2) et du Tail, surnommé Chassematin, rendit aveu de sa terre de la Perrine le 29 juin 1436, à Guillaume de Bartilleau, demeurant à Beaugency.

Il épousa, le 14 juin 1429, sa cousine germaine, Isabeau du Plessis, de la branche de la Chaise. Ils vécurent cinquante ans ensemble. Isabeau mourut le 13 mars 1479 et fut inhumée dans l'église Saint-Pierre d'Ourchamps.

---

(1) Ces armes sont gravées sur la porte d'entrée de la Perrine, dite : les Portes blanches.

(2) Ourchamps était situé dans le comté de Blois.

Jean du Plessis, troisième du nom et troisième seigneur de la Perrine, fils des précédents, se qualifiait chevalier, seigneur de Perrigny, la Perrine, Ourchamps et Savonnières. Il s'attacha au service de Louis XI qui le fit, en 1461, capitaine de Bonneval, à la place de Guillaume de Prunelé. En 1463, il était vicomte de Bayeux, élu de cette ville en la Chambre des comptes, conseiller du roi et son maître d'hôtel.

Il épousa, le 29 décembre 1463, Claude de Popincourt, fille aînée de Jean de Popincourt, seigneur de Liancourt et de Sarcelles, président au parlement de Paris et de Catherine Lebègue.

Jean III acheta, le 16 mars 1466, conjointement avec sa femme et assisté de Jean Lebègue, à Jean d'Orléans, comte de Dunois et de Longueville, grand chambellan de France, les seigneuries de Savonnières, Aubin et Pierrefètu, situées dans la paroisse d'Ourchamps, comté de Blois, pour la somme de 1.400 écus d'or. Quelque temps après, François d'Orléans, fils du précédent, réunit en faveur de Jean du Plessis « les deux fiefs du Grand et du Petit Mellon, autrement dits (Grande et Petite Perrine), mouvant de lui à cause de son chastel de Châteaudun ». Les lettres sanctionnant cette réunion furent données à Châteaudun le 11 février 1468.

Non content des acquisitions qu'il avait faites dans le comté de Blois, Jean III du Plessis acheta, le 3 février 1471, de Menault, la métairie d'Aunay, voisine de son château de la Perrine. Il rendit foi et hommage pour ce fief, le 28 mai 1472, au seigneur d'Alluyes. Nous verrons plus loin que le fief d'Aunay demeura entre les mains des seigneurs de la Perrine jusqu'en 1683 (1).

Après la mort de Louis XI, Jean III remplit les

(1) Papiers du Château d'Aunay.

mêmes offices de conseiller et maître d'hôtel auprès du roi Charles VIII.

Il mourut à Paris le 25 mai 1494 et fut inhumé dans le chœur de l'église Sainte-Croix de la Bretonnerie.

Charles du Plessis, quatrième seigneur de la Perrine, fils de Jean III et de Claude de Popincourt, naquit le 5 mai 1484. Il fut d'abord qualifié seigneur de Perrigny et de Sarcelles, puis, après le partage du 27 juin 1514, qui suivit la mort de ses deux frères aînés, seigneur de Savonnières, Ourchamps et la Perrine.

Il fut, après son père, maître d'hôtel du Roi et premier maître d'hôtel du Dauphin et des ducs d'Orléans et d'Angoulême, fils de François Ier. Ce prince le nomma son ambassadeur « vers les Suisses » par brevet de 1520, avec mission de renouveler son alliance avec ce peuple. Il avait aussi la charge de conseiller, premier maître d'hôtel de la reine-mère Louise de Savoie : cette princesse le nomma, par lettre du 27 mars 1524, prévôt et garde du scel de la ville de Troyes.

Par lettres expédiées de Marseille au mois d'octobre 1532, le Roi le choisit comme gentilhomme de la chambre et lui accorda, pour la seigneurie d'Ourchamps, une foire franche tous les ans et un marché par semaine. Enfin, quatre ans après, en octobre 1537, le roi le créa général de toutes les finances tant ordinaires qu'extraordinaires pour les deux provinces de Languedoc et de Provence.

Charles du Plessis avait épousé Sidoine de Sivrieu, dame de Villiers, par contrat du 15 mai 1511.

Il mourut le 23 mai 1565, à l'âge de 81 ans, et fut enterré dans l'église de Saint-Pierre d'Ourchamps.

Jean du Plessis, quatrième du nom et cinquième seigneur de la Perrine, portait les titres de chevalier, seigneur de la Perrine, Ourchamps, Savonnières, Portejeu, Auteville et Orgères, châtelain d'Aigueperse, gouverneur de Montpensier, panetier de Madame mère du Roi (Louise de Savoie).

Il eut, en 1538, un différend avec Gaucher de Dinteville, seigneur de Vanlay, son cousin germain, qui avait critiqué ses mœurs, « à cause de quoi le Roi fit publier à son trompe un combat entre eux. Par ainsi le seigneur de la Perrine se partit de son logis, armé de toutes pièces sur un beau roussin, accompagné de son père et autres nobles personnes et s'en alla au château du Louvre, lieu destiné pour combattre, auquel étaient des lices dressées. A chacun bout des lices étaient dressées deux tentes en forme de pavillon, auxquelles étaient attachées les armoiries de chacun des dits de Vanlay et de Savonnières ; et le dit Savonnières attendit le dit Vanlay depuis huit heures du matin jusqu'à trois heures de l'après-midi. Quoi voyant le dit seigneur de Savonnières s'adressa au Roi qui était ici présent, accompagné de plusieurs nobles personnes, et lui demanda défaut à l'encontre du dit de Vanlay: ce que le dit seigneur Roi lui accorda. Le hérault appela par trois fois le dit seigneur de Vanlay, puis après print les armes du dit seigneur, attachées à sa tente, les pendit à une lance, et les traîna tout autour des lices, disant ces mots : Ce sont les armes de Gaucher de Dinteville, seigneur de Vanlay. Ce dit, il les porta ainsi disant parmi les rues jusqu'au cimetière de Saint-Jean, où illec le bourreau de Paris les pendit à une potence : et depuis fut le seigneur de Vanlay pendu par figure au dit lieu » (1).

(1) Chronique manuscrite de François Iᵉʳ.

Le seigneur de Vanlay fut depuis réhabilité et remis dans tous ses biens par Henri II, dont il avait été gouverneur (1).

Jean du Plessis épousa, le 11 août 1542, Renée de Théligny, fille de François, seigneur de Lierville. Elle était probablement parente du gendre de Coligny. Elle apporta à son mari la terre de Maulevrier en Anjou.

Renée de Théligny administra les biens de son mari pendant les absences que les fonctions de celui-ci lui imposaient. Le 14 décembre 1563, elle donna à bail les terres de Monthion et de la Borde (2).

Jean du Plessis mourut à Madrid, en Espagne, le 24 avril 1584, et y fut enterré dans la principale église.

Agésilaus du Plessis, sixième seigneur de la Perrine, fils de Jean et de Renée de Théligny, professa la religion réformée ; il est même probable, d'après le nom de sa mère, qu'il y avait été élevé.

Il épousa, le 16 juillet 1575, Anne de Courcillon, fille de Louis de Courcillon, seigneur de Dangeau. Il paraît certain que, à l'occasion de ce mariage, le père d'Agésilaus, Jean du Plessis se dessaisit en sa faveur de la seigneurie de la Perrine ; car, à partir de cette date, tous les actes concernant la Perrine sont souscrits par Agésilaus avec le titre de seigneur de la Perrine.

Après la mort de son père, il procéda avec ses frères, le 3 septembre 1585, au partage de la succession : les fiefs de la Perrine et d'Ourchamps lui furent attribués.

(1) *Histoire du Dunois*, par l'abbé BORDAS.

(2) Papiers du château d'Aunay. Nous ne savons pas à quelle époque Monthion vint en la possession des seigneurs de la Perrine.

Dans cette même année 1585, il renouvela son aveu au seigneur d'Alluyes pour le fief d'Aunay.

Agésilaus du Plessis servit le roi Henri IV dans toutes ses guerres ; après la bataille d'Arques, en 1589, il fut envoyé comme ambassadeur en Angleterre, avec Jacques de Courcillon, son beau-frère (1).

Pendant son absence, sa femme, Anne de Courcillon, fit un accord avec Jacqueline de Cintray, dame de Dangeau, au sujet de droits à payer pour le fief de Monthion (2).

Il existe dans les archives de la Perrine beaucoup d'actes d'administration qui portent la signature d'Agésilaus du Plessis. Un certain nombre de ces actes sont relatifs à des contestations avec des particuliers de Saint-Mamers, au sujet de la métairie de la Frileuse ; vu leur peu d'intérêt relatif, nous nous dispenserons de les rapporter ici.

C'est probablement à Agésilaus qu'il faut attribuer les fortifications de la Perrine, dont il reste encore de nombreux vestiges. C'est aussi à la même époque et pendant que le Béarnais battait le pays à la poursuite des partis de la Ligue, qu'il faut placer, semble-t-il, une visite dont ce prince aurait honoré la Perrine. D'après une tradition qui s'est perpétuée parmi les possesseurs de ce château, l'un d'eux se serait même dessaisi, en faveur de la bibliothèque de Chartres, d'un autographe par lequel Henri IV reconnaissait l'hospitalité qu'il avait reçue à la Perrine, dont une des plus belles pièces porte depuis un temps immémorial le nom de Chambre de Henri IV.

David du Plessis, septième seigneur de la Perrine, appartint, comme son père, à la religion réformée. Un

(1) Ouvrage du Père Anselme (Tome IV).
(2) Papiers du château d'Aunay.

grand nombre de seigneurs se convertirent au catholicisme, en même temps que le roi. David ne suivit pas cet exemple et resta fidèle à la foi religieuse dans laquelle il avait été élevé. Satisfait sans doute des garanties que l'édit de Nantes donnait aux huguenots, il se garda de se joindre à ceux d'entre eux qui se révoltèrent contre Louis XIII et qui furent si rudement châtiés par le cardinal de Richelieu. Il conserva jusqu'à sa mort la charge de gentilhomme ordinaire de la Chambre du roi qu'il exerçait depuis 1622.

Sous David du Plessis, la Perrine devint un séjour précieux pour les Calvinistes de la contrée (1). Les actes de l'état civil de Châteaudun constatent que plusieurs mariages et baptêmes des coreligionnaires du seigneur furent célébrés dans la chapelle domestique du château. Nous citerons :

1° Le mariage de Jehan de Coustanées, sieur de la Maillardière, avec Marie du Plessis, fille d'Agésilaus, le 20 avril 1605. Le mariage fut célébré par le sieur Simpson, pasteur intérimaire de l'église réformée de Châteaudun ;

2° Le baptême d'Hélye, premier fils de David et d'Hélène de la Place, célébré le 17 août 1616. L'enfant avait été présenté par M. Hélye de la Place, chevalier, seigneur de Russy, son aïeul maternel, et dame Suzanne Baudry, dame de Dangeau, sa grand'-tante ;

3° Le mariage de Cyrus Dumoulin, pasteur protestant de Châteaudun, avec demoiselle Marie de Marbois, célébré le 31 janvier 1638 ;

4° Le mariage de messire Jacques du Vignaud, chevalier, seigneur de Suvry et de Villefort, avec demoiselle Charlotte du Plessis, fille de défunt

______

(1) Abbé Bordas.

David, vivant chevalier, gentilhomme ordinaire de la Chambre du Roi, seigneur de la Perrine, la Brûlée et les Coulaux.

Ce n'était pas seulement la chapelle du château qui donnait l'hospitalité aux alliés et amis des du Plessis ; il en était de même du caveau funéraire, dit la Voulte de la Perrine (1). Ce caveau, construit pendant les guerres de religion, consiste en une longue et large excavation pratiquée sous la colline qui domine le château. Il est aujourd'hui affecté aux usages domestiques ; il a conservé le nom de Cave des Morts.

Parmi les actes d'administration de David du Plessis, nous avons à citer de nouvelles difficultés au sujet de la métairie de la Frileuse, qui amenèrent, le 27 juin 1613, la saisie des récoltes de cette métairie. Le 9 novembre 1620 et le 8 décembre 1628, David du Plessis donne à bail la terre de Monthion à Boissière puis à Godfroy (2).

Nous citerons aussi le bail, en date du 8 octobre 1622, à Jean Cochereau de Valainville, de la métairie de la Perrine à moitié fruits, avec faisances, et un autre bail, en date du 16 juillet 1625, de la même métairie au même Jean Cochereau, moyennant 300 livres et 12 volailles.

David du Plessis épousa, par contrat du 16 juillet 1615, Hélène de la Place, fille d'Hélye, seigneur de Russy, conseiller d'Etat, ambassadeur du Roi en Hollande. Il mourut le 24 novembre 1644 et fut inhumé dans la Voulte de la Perrine.

Louis du Plessis, huitième seigneur de la Perrine, prit pour femme Suzanne de Courcillon (3), fille de

---

(1) Etat civil de Châteaudun.

(2) Papiers du Château d'Aunay.

(3) Il y avait déjà eu une alliance entre les familles du Plessis et de Courcillon.

Philippe, seigneur de Dangeau, gouverneur de Touraine, le premier qui prit le titre de marquis. C'est ce même Philippe qui fut le célèbre chroniqueur de Louis XIV.

Louis du Plessis pratiqua le calvinisme comme son père et son grand-père. Dans les actes d'administration qui portent sa signature, il ne prend pas d'autre qualification que celle de seigneur de la Perrine ; il semble donc qu'il ne possédait plus les domaines d'Ourchamps et de Savonnières, non plus que la charge de gentilhomme de la Chambre du Roi dont son père avait joui jusqu'à son décès. La terre d'Ourchamps lui fit cependant retour avant sa mort.

Il mourut vers 1666, laissant la garde noble de ses enfants à sa veuve, Suzanne de Courcillon.

Armes de la famille de Courcillon.

D'argent à une bande de losanges de gueules, au lion d'azur à senestre (1).

Avec Louis du Plessis se terminent les documents fournis par le Père Anselme sur la famille du Plessis.

(1) La Chesnais Desbois.

Heureusement les archives de la Perrine permettent de suppléer aux renseignements qui font défaut d'autre part.

Suzanne de Courcillon, comme tutrice de ses enfants, consentit, le 16 avril 1667, à Bonsergent et sa femme habitant Marboué, un bail général de la Perrine, moyennant une redevance annuelle de 3.000 livres. Le bail comprenait la Basse Cour de la Perrine, Fosse au Chef, Monthion et Dury. Le 4 mai 1681, la même dame louait à Louis Raimbert le moulin de la Perrine moyennant un septier de blé par semaine, 8 volailles et 6 douzaines d'œufs.

David du Plessis, deuxième du nom, neuvième seigneur de la Perrine, fils de Louis et de Suzanne de Courcillon, épousa Anne de Monginot, d'une famille calviniste du comté de Dunois, qui posséda un peu plus tard les domaines de Pruneville et de Vrainville.

A la suite de la mort de Louis du Plessis, il y avait eu, le 16 février 1683, un partage entre David et sa sœur Marie du Plessis, épouse d'Ezéchias de Meaussé, seigneur de la Gastelinière. Le domaine d'Aunay fut attribué au sieur de Meaussé et les terres de Vrainville au seigneur de la Perrine (1).

Nous n'avons aucun renseignement sur David du Plessis : il y a lieu cependant de supposer qu'il quitta la France et se réfugia en Hollande lors de la révocation de l'Edit de Nantes (1685). Il est certain qu'il mourut dans ce dernier pays avant 1688.

Anne de Monginot administra la Perrine pendant l'absence de son mari, en qualité d'épouse séparée de biens et autorisée par justice à poursuivre ses droits. Devenue veuve, elle se fit adjuger la terre de la Perrine

(1) Papiers du château d'Aunay.

pour ses reprises et remplois sur la succession de défunt son mari, par sentence du Châtelet de Paris. Elle passa bail, le 2 juin 1688, à Martin Bruant, de la terre de la Perrine, y compris Monthion, Fosse au Chef et Comporté, moyennant un prix annuel de 2.200 livres. Le même Bruant devint plus tard receveur général de la Perrine et conclut plusieurs baux en cette qualité.

Le 29 novembre 1688, il y eut promesse de mariage devant le curé de la paroisse de Saint-Christophe entre messire Joseph Arthur de Vassé, marquis d'Erquilly, de la paroisse de Saint-Avit, près Brou, et noble dame Anne de Monginot, veuve de M. David du Plessis, mort en Hollande. Les bans furent publiés le 14 décembre suivant (1). Mais nous ne saurions affirmer que le mariage projeté eut lieu : à partir de ce moment les papier de la Perrine ne font plus aucune mention d'Anne de Monginot, non plus que de ses enfants, si tant est qu'elle en ait jamais eu. Nous savons toutefois qu'elle sortit du royaume, d'après une pièce existant dans le chartrier de la Perrine, et dont nous allons donner l'analyse presque littérale.

Cette pièce est une consultation, sans date, annexée aux pièces de 1688 et de 1692 : elle a pour objet la liquidation de la succession d'Anne de Monginot. Elle débute par cette phrase : « Par le bénéfice de la déclaration du Roi, il est permis aux plus proches parents de jouir et de se mettre en possession des biens appartenant aux religionnaires fugitifs ou qui sont sortis du royaume. »

Suivant la coutume générale de Blois, qui régissait le comté de Dunois, « en ligne collatérale les masles

____

(1) Registre paroissial de Saint-Christophe.

excluent les femelles étant au même degré, quant aux héritages féodaux.

« La terre de la Perrine est constamment en fief du comté de Dunois. Or cette terre appartenait à la Dame de la Perrine (Anne de Monginot), qui se l'était fait adjuger par sentence du Châtelet de Paris (1). Elle doit donc être considérée comme un bien provenant de la succession de Mme de la Perrine.

« Ses plus proches parents et héritiers sont un frère et une sœur, tous deux habiles à demander à jouir de la succession. Mais la terre de la Perrine leur vient en ligne collatérale ; et faisant application de l'article de la Coutume de Blois, ci-dessus rapportée, il s'ensuit que le frère de Mme de la Perrine exclut Madame sa sœur, quant aux héritages féodaux. »

La terre de la Perrine passa donc à M. François de Monginot, frère de Mme David du Plessis.

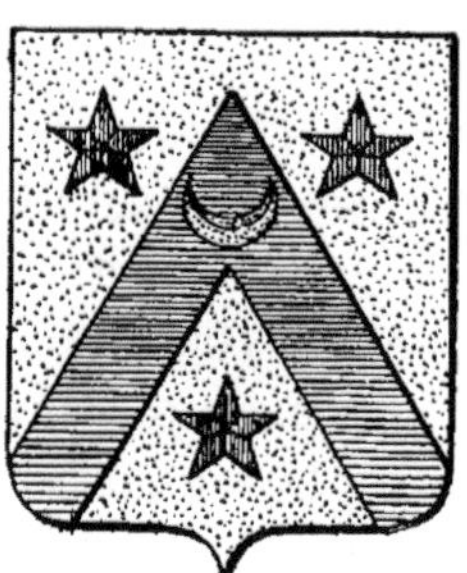

Armes de la famille de Monginot.

D'or au chevron d'azur, chargé en chef d'un croissant d'or et accompagné de trois étoiles de gueules posées deux et une (2).

(1) Voir plus haut.
(2) *Armorial des ordres royaux, militaires et hospitaliers de Notre-Dame du Mont-Carmel et de Saint-Jean de Jérusalem* (Manuscrit français 31795, folio 128).

François de Monginot, dixième seigneur de la Perrine, d'après ses actes d'administration assez nombreux, se qualifiait chevalier, seigneur de la Perrine, Ourchamps, Grissay et autres lieux, commandant d'un bataillon du régiment du Maine, chevalier des ordres de Notre-Dame du Mont-Carmel et de Saint-Lazare de Jérusalem. Il avait épousé Thérèse Petitjean qui prenait la qualification de marchande dans les actes. C'est elle qui administrait la Perrine pendant les absences que son mari faisait pour son service militaire.

Par décret de nosseigneurs des requêtes de l'Hôtel, rendu le 7 août 1702, sur la demande des demoiselles Hélène et Suzanne du Plessis, filles majeures, sœurs de feu David du Plessis, la terre de la Perrine et toutes ses dépendances furent adjugées à Messire Philippe Pécoil de Villedieu, qui les acquit ainsi de Messire François de Monginot et de Messire Pierre David, celui-ci à cause de Suzanne de Monginot, son épouse, sœur dudit Messire François de Monginot. Nous ne pouvons préciser ce que les demoiselles du Plessis avaient à prétendre sur le domaine de la Perrine. Quant à la sœur de François de Monginot, elle avait à faire valoir ses droits pour les parties non féodales de l'héritage de sa sœur Anne de Monginot, dame du Plessis.

Le domaine vendu comprenait: 1° un ancien château, couvert en ardoises; 2° une cour à laquelle on accède par une porte cochère; à gauche en entrant une grange et une étable à vaches, à droite un colombier et un jardin attenant; autre colombier dans ce jardin; 3° un moulin (1); 4° la ferme de la Basse-Cour de la Perrine; 5° les manoir et fief de Fosse au Chef;

(1) Ce moulin, brûlé en 1700, fut reconstruit par le nouveau propriétaire.

6° Les manoir et fief de Monthyon ; 7° la ferme d'Autheuil ; 8° la ferme de Mérobert sise paroisse de
Saint-Georges ; 9° les terres de Saint-Mamès ; 10° le
moulin de Mousseau, paroisse de Saint-Luperce, dans
la vallée de l'Eure, et autres immeubles de moindre
importance.

Armes de la famille Pécoil.

Fascé d'or et de sable (1).

Philippe Pécoil de Villedieu paraît avoir eu une
fortune considérable ; il habitait ordinairement Paris,
rue Villedo.

Il afferme par acte du 26 septembre 1702, passé
devant Claude Levassor, conseiller du Roi et de
S. A. R. Mgr le duc d'Orléans et de Chartres, petit-fils
de France, président prévôt, juge royal de la prévôté
de Bonneval, la totalité des terres qu'il venait d'acqué-
rir, à Louis Soubrillard, marchand à Guigny, près
Arrou. Le bail était fait pour neuf années consécu-
tives moyennant un fermage annuel de 2.800 livres.
Messire de Villedieu s'était réservé le château, les
jardins, la pêche du Loir, trois arpents de vignes et
le droit, quand il sera dans son château, de faire

(1) *Armorial général de France.* Registre de Lyon, pages 15,
32, 37, etc.

prendre des pigeonnaux dans les fuies autant qu'il lui plaira. Louis Soubrillard devait avoir son logement au château, avec sa famille, lequel logement lui serait marqué par le sieur bailleur. Le 23 septembre 1702, M. Pécoil de Villedieu fait hommage au seigneur de Dangeau pour les fiefs de Monthion et de Bois au Chat (1).

En 1703 ou 1704, il s'éleva un différend entre M. Pécoil de Villedieu et les doyen, chanoines et chapitre de Chartres au sujet de la pêche du Loir, Saint-Christophe dépendant d'une des châtellenies que les dits chanoines possédaient dans le Dunois. L'accord se fit le 7 février 1705, et moyennant une légère redevance de 4 livres de cens le seigneur de la Perrine, « ses hoirs et ayant cause, successeurs et propriétaires du château de la Perrine furent admis à jouir de la rivière et droit de pesche en icelle, à l'exception de la justice haute, moyenne et basse que les Seigneurs du dit chapitre se sont réservée. »

Philippe Pécoil de Villedieu mourut vers la fin de l'année 1710, sans laisser de postérité.

Pierre Pécoil de Vigneul. La seigneurie de la Perrine et toutes les terres comprises dans l'acte d'achat du 7 août 1702 furent attribuées à messire Pierre Pécoil de Vigneul, docteur en Sorbonne, demeurant à Paris, frère du dernier seigneur.

Pierre de Vigneul continua à Louis Soubrillard le bail général qui lui avait été consenti en 1702 par son frère ; on trouve plusieurs actes d'administration de cet agent. Le 6 septembre 1712, l'abbé Pécoil de Vigneul renouvela l'hommage fait dix ans auparavant par son frère au seigneur de Dangeau pour les fiefs de Monthion et de Bois au Chat.

(1) Papiers du Château d'Aunay.

Messire Pécoil de Vigneul vendit la terre et seigneurie de la Perrine, avec tous les biens qui en
dépendaient, le 13 décembre 1713, à messire Jacques
Costé, intéressé dans les fermes générales de S. A. R.
Mgr le duc de Lorraine, et demeurant à cette époque
à Nancy. Le prix de vente était de 63.000 francs.

Jacques Costé. La famille du nouveau possesseur
de la Perrine était très ancienne dans le Dunois : le
nom de Costé se rencontre dès le xv⁰ siècle dans les
Archives de la ville de Châteaudun. La généalogie de
celui dont il s'agit ici remonte sans interruption
jusqu'à 1580. A cette époque deux frères, Augustin (1)
et Michel Costé occupaient des offices de judicature
importants. Depuis lors les descendants de Michel
ont occupé de père en fils la charge de bailli de Dunois,
quelques-uns même celle de gouverneur de Châteaudun.

Armes de la famille Costé.

D'azur au chevron d'argent ; accompagné de trois merlettes de
même, deux en chef, une en pointe (2).

(1) Augustin Costé fut un poète de talent. Il a laissé entre
autres ouvrages un poème latin intitulé : *Nympha Vivaria.*

(2) *Armorial général de d'Hozier* (Alsace) et *Bulletin de la
Société Dunoise.*

Jacques Costé inaugura son administration à la Perrine par l'érection d'une nouvelle chapelle dans le château. Il obtint de Mgr l'Evêque de Chartres que le sieur Proust, prêtre doyen de l'église collégiale de Saint-André de Châteaudun, fût désigné pour en faire la bénédiction avec les cérémonies ordinaires et en dresser le procès-verbal. L'autorisation épiscopale déclarait « que la messe y serait célébrée par tous les prêtres séculiers ou réguliers non suspendus ni interdits, à condition qu'on n'y célébrera aucun autre service divin, qu'on n'y bénira point le pain ni le vin, que la messe n'y sera pas célébrée le jour de Pâques et des autres fêtes annuelles et du patron de l'église de Saint-Christophe, si ce n'est que le seigneur de la Perrine, la dame son épouse et autres de leur famille fussent malades et hors d'état d'aller à la messe paroissiale ; et aussi à condition qu'aux jours de fêtes et dimanches auxquels la messe y sera célébrée, il n'y assistera aucune personne du dehors qui n'aura cause légitime de s'absenter de l'office paroissial et que le dit seigneur de la Perrine enverra quelqu'un de sa maison à la messe et aux vêpres, pour entendre les prônes et instructions et avertir les autres des choses qui y auront été annoncées ; à condition aussi que la présente permission ne pourra nuire en rien à l'office divin qui se fera dans l'église paroissiale de Saint-Christophe, ni préjudicier aux droits du sieur curé d'icelle et que la messe ne sera jamais célébrée dans la dite chapelle à l'heure de la messe paroissiale du dit Saint-Christophe. »

Jacques Costé obtint, le 1er octobre 1714, la résiliation du bail consenti à Louis Soubrillard par M. Philippe de Villedieu. Il fut stipulé que Soubrillard continuerait à jouir des fruits et profits de la propriété jusqu'au 1er octobre suivant (1715) et serait tenu quitte de

l'année entière de sa ferme qui était de 2.500 livres ;
Jacques Costé lui conserva d'ailleurs toute sa confiance
et l'employa à plusieurs reprises dans des transac-
tions relatives à son domaine.

Jacques Costé resta célibataire. Il avait un frère
nommé Jean, seigneur de Dampierre, chevalier de
Saint-Louis, ancien capitaine de cavalerie, également
célibataire, et une sœur Marguerite qui avait épousé
messire Odard de Lorme, écuyer, officier-bouche
du Roi. De ce mariage étaient nées deux filles, Marguerite et Marie. La première épousa messire Louis
Boyvin d'Hardancourt, écuyer, secrétaire du Roi, maison Couronne de France et de ses finances, conseiller
au Conseil royal, directeur général de la Compagnie
des Indes. La seconde épousa messire Philippe-Marie
de Mailly, fils de messire Jean de Mailly, chevalier,
seigneur de Mémillon, secrétaire du Roi, maison Couronne de France et de ses finances, et de Dame Marguerite d'Huart d'Autel.

Les deux mariages eurent lieu au château de la
Perrine pour le contrat et à l'église de Saint-Christophe pour la cérémonie nuptiale : le premier fut
célébré le 17 mai 1714, le second, le 2 novembre 1723.

En considération du mariage de sa seconde fille
avec Philippe de Mailly, la Dame de Lorme, mère de
la future épouse, et Jacques Costé, son oncle, aban-
donnèrent à leurs deux filles et nièces tous leurs biens
immeubles, s'en réservant seulement l'usufruit viager
pour eux et leur frère Jean Costé de Dampierre, jusqu'au décès du dernier mourant d'eux trois. Il fut
formé deux lots de ces biens. Le premier échut à la
future Dame de Mailly : il comprenait la terre de la
Perrine avec ses dépendances ; le deuxième échut à
Madame Boyvin d'Hardancourt ; il comprenait les
terres situées en Auteuil, Brou, Chantemesle, etc.

Messire Jacques Costé mourut à la Perrine le 5 octobre 1726 ; dame Anne-Marguerite de Lorme le suivit dans la tombe le 24 janvier 1729 ; enfin Jean Costé de Dampierre, resté seul seigneur usufruitier de la Perrine, décéda le 17 août 1737. Tous trois furent inhumés à Saint-Christophe.

Philippe-Marie de Mailly. Le nom de Mailly appartient à plusieurs familles françaises, dont une au moins est illustre. Celle du nouveau seigneur de la Perrine descendait par une filiation non interrompue et authentique des Mailly de Bourgogne ou Mailly-sur-Saône. Le père de celui qui nous occupe, Jean de Mailly, seigneur de Fronville, après avoir servi dans l'artillerie, puis dans la cavalerie, s'était rendu acquéreur de la seigneurie de Mémillon, ainsi que d'une charge de Conseiller secrétaire du Roi, maison Couronne de France et de ses finances. Il avait épousé demoiselle Marguerite d'Huart d'Autel, fille du comte d'Huart d'Autel et sœur du baron d'Huart, gouverneur de Gironne, capitaine général des troupes du Roi d'Espagne et comte du Saint-Empire.

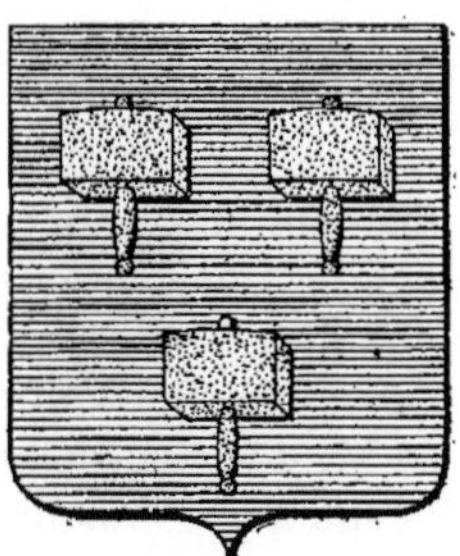

Armes de la famille de Mailly.

D'azur à trois maillets d'or deux et un (1).

(1) *Armorial général de d'Hozier,* tomes 23 et 24 (Paris).

Philippe-Marie de Mailly, né en 1696, demeura, par la mort successive de la mère et des deux oncles de sa femme, seul seigneur de la Perrine. Il y a lieu de penser qu'il n'embrassa aucune carrière au sortir de l'adolescence, car sur les actes assez nombreux signés de lui, son nom n'est jamais accompagné que de ceux des seigneuries dont il était propriétaire. Tout fait croire qu'il vécut en gentilhomme terrien, sans avoir pris d'emploi ni dans l'armée, ni dans la robe, ni dans les finances.

Dès avant la mort de sa belle-mère et celle de son oncle Jean Costé de Dampierre, agissant tant pour lui qu'en leur nom, le 20 mars 1727, Philippe de Mailly rendait foi et hommage au seigneur de Dangeau pour le fief de Monthion.

Le 19 février 1739 et le 28 novembre 1740, il donnait cette même terre à bail successivement à Pierre Lefort et à Christine Violette (1).

Le 16 février 1737, il donna à bail à Etienne Chéron et à Jeanne Breton, sa femme, la ferme de la Basse-Cour avec 147 arpents de labour et 6 arpents et demi de prés, moyennant la moitié des grains.

Le 16 septembre 1739, il consentait à résilier ce bail et le 16 septembre 1742, il faisait remise à Etienne Chéron de 308 livres en considération des pertes qu'il avait subies pendant la durée du dit bail.

---

(1) C'est la dernière fois que nous rencontrons un acte d'administration d'un seigneur de la Perrine au sujet de Monthion. En 1765, ce domaine appartenait au marquis de Meaussé, seigneur d'Aunay, qui le donnait à bail à Sébastien Normand ; il était passé entre les mains de M. de Meaussé en 1753, lors de son mariage avec demoiselle Julienne-Victoire de Mailly, qui l'avait reçu en dot (Papiers des châteaux d'Aunay et de la Perrine). Ajoutons que cent vingt ans plus tard Monthion fut racheté et réuni à la Perrine par un des descendants de Philippe de Mailly.

Il acquit, le 7 septembre 1753, de demoiselle Marie-Claude Fitte, épouse du sieur David, lieutenant de la communauté des chirurgiens de Châteaudun, et de demoiselle Marie-Elisabeth Fitte, fille majeure, le lieu et métairie de Deury, comprenant bâtiments, jardins et 49 septiers de terre en 63 pièces dont plusieurs tenaient aux terres de l'acquéreur. Le prix d'achat s'éleva à 2.750 livres.

Philippe-Marie de Mailly mourut à Châteaudun le 25 mai 1777, à l'âge de 81 ans, et fut inhumé dans le cimetière de l'église Saint-Pierre.

Des quatre filles nées de son mariage avec Marie de Lorme, il avait marié la seconde, Marie-Félicité, le 5 mai 1751, à Etienne de Lamolère, seigneur de Pruneville (1).

La quatrième, Julienne-Victoire, épousa, le 6 novembre 1753, messire Jean David de Meaussé, seigneur d'Aunay, fils de feu messire David de Meaussé, seigneur de Jumeaux, et de dame Louise-Anne de Reviers de Mauny. Par permission de l'autorité ecclésiastique, le mariage fut célébré dans la chapelle du château de la Perrine, et ce fut messire Jean-Denis de Mailly, prêtre chanoine de l'église collégiale de la Sainte-Chapelle de Châteaudun, frère du seigeur de la Perrine, qui donna la bénédiction nuptiale. Mme de Meaussé eut en dot les fiefs de Fosse au Chef et de Monthion qui cessèrent dès lors de dépendre de la Perrine et furent rattachés au château d'Aunay.

Il est probable qu'à l'occasion du mariage de sa fille Julienne-Victoire avec M. de Meaussé, Philippe de Mailly qui habitait Châteaudun depuis un certain temps, abandonna la Perrine à son premier gendre Etienne de Lamolère. En tous cas il résulte

(1) Voir la notice sur les Lamolère du Quercy.

d'un acte en date du 16 octobre 1760 que, à cette époque, Etienne de Lamolère était seigneur de la Perrine.

Armes de la famille de Lamolère.

D'azur au griffon dor, lampassé de gueules, au chef du même, chargé de deux meules du premier, ajourées en losanges du champ (1).

Etienne de Lamolère (2), nous l'avons vu plus haut dans la notice relative à sa famille, avait servi, avant de se marier, comme capitaine dans le régiment de Mailly infanterie. Après son union avec Mlle de Mailly, il quitta le service actif et acquit un office de commissaire des guerres.

Cette fonction l'obligeait à de nombreux déplacements tant en France qu'à l'étranger ; d'autre part, il habita Pruneville de préférence à la Perrine ; aussi ne fit-il que peu d'actes d'administration dans cette der-

(1) *Armorial général de d'Hozier*. Guyenne et généralité de Paris, t. 1.

(2) L'historique d'Etienne de Lamolère et de ses successeurs a été écrit dans la notice sur les Lamolère du Quercy. Nous n'en extrairons pour le rapporter ici que ce qui intéresse spécialement la terre de la Perrine.

nière propriété. Le seul important que nous connaissions est un aveu au marquis de Grouches, seigneur de Valainville, en date du 21 septembre 1775, à cause des terres de Deury et de la Rémonière, acte déjà cité plus haut.

Etienne de Lamolère abandonna la Perrine à son fils Etienne-Philippe, à l'occasion du mariage de ce dernier avec demoiselle Marie-Adélaïde du Peyron, en septembre 1776. A partir de cette époque, il habita tantôt Pruneville, tantôt Châteaudun. Il mourut à Pruneville, le 8 germinal an IX.

Etienne-Philippe de Lamolère devenu seigneur de la Perrine en septembre 1776, acquit, le 28 août 1777, conjointement avec sa femme, du sieur Florent Souchay, les terre et métairie de Saint-Christophe, moyennant un prix de 31.000 francs. Ce domaine comprenait, outre les bâtiments, 105 arpents de terres labourables, 9 arpents de pré, 4 arpents de vignes bien plantés, 20 arpents de bois et de 16 à 18 arpents de friches. On trouve à une date assez reculée des actes relatifs à la métairie de Saint-Christophe.

Dès 1514, une partie de ce domaine appartenait à noble homme Barthélemy Greslain élu pour le Roi en l'élection de Châteaudun. La famille Greslain était de la haute bourgeoisie. Un de ses membres avait la charge de cordonnier du roi Charles IX.

Un descendant de Barthélemy, Gilles Greslain, maria sa fille à Pierre Souchay, grand-père de Florent Souchay, le vendeur actuel. Les Souchay appartenaient aussi à une bonne famille du Dunois, qui avait eu quelques-uns de ses membres dans les offices des finances.

Les terres qui constituaient la métairie de Saint-Christophe relevaient des seigneuries du Grez, de la

Perrine, de Moléans, de l'abbaye de Bonneval et du chapitre de Notre-Dame de Chartres.

Le 12 novembre 1783, Etienne-Philippe de Lamolère, demeurant en son château de la Perrine fit aveu de deux arpents de pré situés à la Roussabelle, à très haut et très puissant seigneur Mgr Jules-Etienne-Honoré marquis de Prunelé, baron châtelain de Molitard et de Saint-Germain-le-Désiré, seigneur de Moléans, Montanson, Chamblay, Trochepot, etc.

Le même jour, Etienne-Philippe rend un autre aveu à Mgr Etienne-Jean-Antoine de Grouches, marquis de Grébeauval et seigneur de Valainville, pour quelques arpents sis à Deury.

Nous avons vu dans l'historique de la famille de Lamolère que, le 28 septembre 1790, Etienne-Philippe concéda, par bail à vie, la jouissance du château et de la terre de la Perrine à Mme Marie-Françoise-Julie-Constance Filleul, veuve d'Abel-François-Fernand Ménard (1), épouse divorcée depuis de François La Cropte de Bourzac, lieutenant-colonel de cavalerie, moyennant le prix de 7.500 livres de ferme et 8.000 livres de pot de vin. Déjà le 26 mai 1790, par acte passé devant Raimbault, notaire à Châteaudun, M. et Mme de Bourzac avaient acheté des sieur et dame de Lamolère tous les meubles et effets qui garnissaient le château et ses dépendances, moyennant un prix de 26.373 livres.

M. de Bourzac ayant émigré dès le début de la période révolutionnaire, la Perrine fut inscrite sur

(1) Le premier mari de Mme de Bourzac fut Abel Poisson, marquis de Ménars et de Marigny, surintendant des bâtiments ; elle se trouva par suite belle-sœur de Mme de Pompadour. Mme de Ménars et de Marigny compta dans le monde des femmes à la mode de la fin du xviii° siècle ; elle y était désignée sous le nom de « la belle Julie ».

l'état général des biens des émigrés du district et, conformément à la loi du 2 septembre 1792, mise sous séquestre afin d'être vendue.

M. de Lamolère, qui résidait à Pruneville, adressa immédiatement une pétition au Directoire du département, lui exposant que la propriété de la Perrine lui appartenait et que c'était seulement l'usufruit qui en avait été cédé aux sieur et dame de la Cropte de Bourzac. Le Directoire, par délibération du 10 novembre 1792, reconnut le bien fondé de cette réclamation et décida la radiation de la terre de la Perrine de la liste des biens des émigrés, déclarant qu'elle devait être comprise sur cette liste seulement pour la possession usufruitière de la moitié appartenant à l'émigré Bourzac. Le 11 décembre suivant, le même Directoire statuait sur une pétition de Mme de Bourzac relative au même objet. Reconnaissant que le bail à vie du 23 septembre 1790, avait été conclu par celle-ci, non commune de biens avec son mari, que de plus le prix des meubles et objets achetés le 26 mai 1790 avait été payé sur les deniers de la dite citoyenne de Bourzac, il décida qu'elle devait avoir la libre disposition des dits meubles et effets et donna main-levée du séquestre mis sur eux. Quant à l'usufruit de la Perrine, il s'en rapportait à son arrêté du 10 novembre précédent, cité ci-dessus, qui mettait Mme de Bourzac hors de cause. Mais considérant que par cet arrêté la possession usufruitière devait être comprise pour moitié sur la liste des biens des émigrés, que d'ailleurs il résultait de cette disposition que la nation serait obligée de payer au citoyen Lamolère la moitié de la rente usufruitière de 7.500 livres, tandis que le revenu de la Perrine était notoirement inférieur à cette somme, ce qui occasionnerait une perte considérable pour la nation, le Directoire estima qu'il y avait lieu de rapporter l'arrêté du département ci-dessus et de donner main-levée pour l'usufruit total des dits biens (1).

Mme de Bourzac posséda dès lors sans autres difficultés l'usufruit de la Perrine. Elle vivait encore en 1815 et continuait à jouir de son bail. Son souvenir s'est conservé longtemps dans le pays où elle était connue sous le nom de Dame de la Perrine.

Le 8 novembre 1808, par contrat passé devant Me Peluche et son collègue, notaires à Chartres, M. Etienne Philippe de Lamolère de Pruneville, tant en son nom que se faisant fort pour Dame Marie Adélaïde du Peiron, son épouse, fit donation à son troisième fils, Auguste-Louis-Etienne-Désiré de Lamolère, à l'occasion de son mariage avec demoiselle Antoinette-Marie-Caroline-Delphine de Cambis, des terres et domaines de la Perrine et de Saint-Christophe.

Aux termes du contrat, la donation comprenait une maison de maître en très mauvais état, jardins, parc, ferme de 112 hectares, 25 hectares de bois et 12 hectart de prés, un moulin avec 36 hectares de terres, le tout rapportant 6.000 francs, somme à laquelle le revenu des dits biens est réduit « à cause de la suppression des droits casuels et rentes seigneuriales ; mais l'ensemble était évalué 132.000 livres eu égard aux reconstructions et grosses réparations à faire tant aux bâtiments de maître qu'à la ferme et aux améliorations à faire au domaine utile ». Le contrat réservait que le sieur Auguste de Lamolère exécuterait les baux faits par son père et notamment celui conclu avec M. et Mme de Bourzac.

Auguste-Louis-Etienne-Désiré de Lamolère, pen-

(1) Registre des délibérations du district de Châteaudun. Période révolutionnaire.

dant les sept ans qu'il passa à la Perrine, fit subir au château des modifications qui en changèrent complètement l'aspect. Il fit raser la tour qui le flanquait au Nord-Est et substitua à son grand toit à fortes pentes une toiture en terrasse, dite à l'italienne, celle que que l'on voit encore aujourd'hui.

D'après la tradition, c'est Mme de Lamolère, née de Cambis, qui fit planter la plupart des grands arbres qui ornent encore le parc.

Sous l'administration d'Auguste-Louis, le domaine subit quelques diminutions. Il en détacha 18 hectares situés sur la rive droite du Loir, qu'il vendit à divers particuliers de Saint-Christophe. Ces terres furent aliénées pour un prix de 10.000 francs environ ; elles formaient le reliquat de la ferme de Saint-Christophe achetée par Etienne-Philippe de Lamolère à Florent Souchay et revendue par lui plus tard ainsi qu'il a été dit ci-dessus (1).

Mme de Cambis, mère de Mme Auguste de Lamolère, étant venue à mourir et ayant laissé à sa fille le château et la terre de Sours, près de Chartres, Auguste de Lamolère se décida à faire droit aux instances de son frère aîné et à lui rétrocéder la Perrine.

L'acte fut passé devant Grangé, notaire à Bonneval, le 29 novembre 1815 ; les vendeurs s'étaient fait représenter par François Renard, ancien praticien. Le domaine vendu comprenait un château nouvellement construit et non achevé, des jardins, un parc, une ferme, un moulin, etc., le tout bien connu des acquéreurs, sieur et dame Etienne-Félix-Désiré de Lamolère, comme en étant déjà en jouissance sur la foi de

---

(1) Voir la notice sur les Lamolère du Quercy.

la promesse de vente des sieur et dame de Lamolère de Cambis.

Il fut stipulé dans l'acte que les nouveaux propriétaires entretiendront : 1º le bail fait à Mme de Bourzac ; 2º celui de Jean-Paul Cheneau de la Rimonière ; 3º celui de la métairie de la Perrine passé avec Pierre Violette le 29 octobre 1811, etc., etc. Le prix d'achat était de 137.000 livres (1).

Etienne-Félix-Désiré de Lamolère fixa son domicile à la Perrine. Nous ne savons pas s'il y habita conjointement avec Mme de Bourzac ou bien si celle-ci renonça à y résider.

Nous avons dit plus haut que, grâce à ses démarches, la paroisse de Saint-Christophe qui n'avait pas de pasteur depuis que la Convention avait fait fermer les églises, obtint un desservant titulaire le 22 décembre 1824.

M. Félix de Lamolère fit une importante addition à la terre de la Perrine par l'acquisition du Goulet, grosse métairie située au confluent du Loir et de la Conie et qui comprenait 74 hectares de terres et 5 hectares de prés. Elle fut achetée en deux fois : le 16 août 1814 de M. Thomas Coursault et le 31 juillet 1816 de M. Joseph Allégret. Le prix d'acquisition ne nous est pas connu.

Le Goulet est d'origine très ancienne ; d'après un titre du mois de décembre 1218, Payen du Goulet reconnaît qu'il n'a aucun droit sur les terres ainsi nommées et les restitue à l'abbé du couvent de Sainte-Marie-Madeleine, à Châteaudun. En octobre 1262, la dame d'Escoublanc, du consentement de son mari

(1) Il est dit dans la notice que nous suivons pas à pas que le prix réellement payé fut de 200.000 livres.

Geoffroy d'Arrou, fait don au même couvent d'un pré sis au Goulet. Le 8 mai 1380, Mgr Guillaume de Craon, vicomte de Châteaudun, affranchit la terre du Goulet. En 1577, le pape Grégoire XIII ayant permis l'aliénation de 50.000 écus de rente du temporel des églises de France, l'abbaye de la Madeleine, taxée à 1.200 livres de rente, dut vendre le Goulet ainsi que d'autres terres. Le Goulet produisit 5.200 livres. En 1633, il fit retour au même couvent moyennant 6.400 livres. En 1791, le Directoire de Châteaudun fit mettre le Goulet en vente, Etienne-Philippe de Lamolère se porta acquéreur ; mais l'adjudication ne fut pas définitive et cette métairie ne fut réunie à la Perrine que par Etienne-Félix.

Celui-ci acquit aussi, le 7 mai 1825, de Denis Ferré, charron, et de Marie Denison son épouse, une maison sise à Saint-Christophe, pour en faire le presbytère. D'après l'acte, la vente était faite à la commune de Saint-Christophe, représentée par Etienne-Félix-Désiré de Lamolère, écuyer, maire de la dite commune, la jouissance de la commune devant commencer le 1er novembre 1825 ; mais il était stipulé qu'elle n'en aurait la propriété qu'à partir du jour où l'autorisation du gouvernement serait obtenue, faute de quoi M. de Lamolère deviendrait lui-même et en son nom propriétaire de la dite maison affectée à usage de presbytère. Cette clause d'autorisation n'ayant jamais été remplie, le presbytère est resté la propriété de M. de Lamolère et de ses descendants. La dite maison avait été payée 5.100 francs.

Afin d'utiliser une chute d'eau entre le moulin de Comporté et celui de la Perrine, Etienne-Félix fit construire un bâtiment à Marigny et y installa une foulonnerie. Mais cette industrie n'ayant pas prospéré, la force motrice fut employée à faire monter l'eau du Loir pour l'irrigation des prés.

M. et Mme de Lamolère vécurent constamment à la Perrine jusqu'en 1831. Le 2 novembre de cette même année, ils s'en dessaisirent en faveur de leur fille aînée Marie-Léonide, épouse de M. Jean-François-Hippolyte Le Comte. D'après l'acte passé par devant Mᵉ Lucas, notaire à Châteaudun, la vente comprenait la terre de la Perrine avec ses dépendances déjà plusieurs fois énumérées et en plus la ferme du Goulet et le presbytère de Saint-Christophe, le tout d'une contenance d'environ 215 hectares. Le prix porté dans l'acte était de 350.000 francs.

Marie-Léonide de Lamolère dame Le Comte naquit à Orléans le 1ᵉʳ septembre 1809. Elle contracta mariage le 17 octobre 1829 avec M. Jean-François-Hippolyte Le Comte, issu par son père d'une vieille famille de Bretagne et par sa mère de la maison royale de Stuart.

Ayant acquis la Perrine, comme nous venons de le dire, Mme Le Comte en fit son séjour de prédilection ; elle y passait tous les étés.

Son premier soin fut de terminer la restauration du château. Elle ne changea rien à la belle et large distribution des pièces du rez-de-chaussée et se borna à les décorer dans un style digne de leur aspect imposant. Après avoir complété l'installation de sa demeure, Mme Le Comte songea à en embellir les abords. Deux architectes paysagistes de talent, MM. Chatelain et Vergnaud, furent successivement appelés pour dessiner le parc ; de larges allées furent percées dans le bois. La vieille muraille formant terrasse, qui, partant de la Cave des Morts, aboutissait à l'angle sud-est du potager, fut abattue. Deux vastes éclaircies furent ouvertes à droite et à gauche du château, à travers les arbres qui descendaient jusqu'à en toucher les murs. Un manège fut disposé sur la hauteur au-dessus d'une source intarissable.

Deux beaux spécimens de l'architecture du XVIe siècle furent dégagés des arbres et des ronces qui les obstruaient. L'un est une grande et triple porte, ornée de sculptures, connue sous le nom de « Portes blanches » : elle porte l'écusson des du Plessis et servait jadis de principale entrée à la Perrine. Le second est une grosse tour, située au bord du Loir, qui faisait autrefois office de prison. Elle est en partie ruinée et porte cette inscription très bien conservée : « *N̄o furtū facies* (non furtum facies). »

Ce ne sont pas là d'ailleurs les seuls vestiges de ce qu'était la Perrine au temps des du Plessis. Le mur extérieur des fortifications a été abattu ; mais on en retrouve encore des ruines par places. Trois des tours qui servaient au flanquement subsistent encore : celle dont nous venons de parler, une seconde qui sert de colombier ; la troisième qui est à l'angle sud-ouest du parc.

Celui qui visite la Perrine aujourd'hui est loin d'y reconnaître le château triste décrit par l'abbé Bordas ; rien de plus gai au contraire, par un beau soleil, que cette vaste demeure située au milieu d'une prairie verdoyante, adossée à un coteau boisé, entourée de beaux arbres et de massifs de fleurs. Telle qu'elle est aujourd'hui, après les heureux embellissements dus en grande partie à Mme Le Comte, la Perrine est un des plus intéressants et des plus riants séjours de la vallée du Loir.

Mme Le Comte testa en 1869 ; elle laissait l'usufruit de la Perrine à son mari, et la nue propriété par égales parts à ses deux fils.

Elle mourut dans son hôtel, boulevard Malesherbes, 97, à Paris, le 10 avril 1869. Elle repose dans le cimetière de Saint-Christophe, entre ses parents et son fils aîné.

M. Le Comte ne fit aucun changement à la Perrine pendant la durée de sa jouissance. Il y maintint les traditions hospitalières qui en faisaient un centre familial, y ramenant chaque année, pendant la belle saison, parents et amis.

Il mourut en juin 1875, à Gissey (Côte-d'Or), chez son neveu, M. Albert Demimuid, chez lequel il était en déplacement. Il fut inhumé à Montigny, grande propriété qu'il possédait dans le département de la Sarthe, dans le monument qui renfermait déjà le corps de son père et de sa mère.

Du mariage de M. Jean-François-Hippolyte Le Comte avec Mlle Marie-Léonide de Lamolère étaient nés deux fils.

L'aîné, Félix-Hippolyte, naquit le 3 avril 1834.

Après avoir terminé ses études, il se présenta aux examens de l'auditorat du Conseil d'Etat. Il y fut admis, et après avoir passé quatre ans dans cette haute assemblée, en sortit avec le titre d'auditeur de première classe.

Laissant de côté les beaux postes qu'on lui offrait dans l'administration, il fut élu maire de Saint-Christophe, où il signala son édilité par un certain nombre de mesures heureuses, et en particulier par la construction d'un pont sur le Loir, dont le besoin se faisait depuis longtemps sentir.

Au bout de quelques années, il se démit de ses fonctions de maire de Saint-Christophe, pour aller remplir celles de maire de Montigny. Au printemps de 1870, il fut envoyé au Conseil général de la Sarthe par le canton de la Fresnaye-sur-Chédouet ; mais il ne put prendre part aux travaux de cette assemblée,

LA PERRINE — LES PORTES BLANCHES

la guerre ayant éclaté au mois de juillet entre la France et l'Allemagne.

Dès 1869, lorsque l'on avait commencé à organiser la garde nationale mobile, M. Hippolyte Le Comte avait été appelé au commandement du bataillon de mobiles de Châteaudun. Dès que les hostilités eurent commencé, n'écoutant que ses instincts militaires et son patriotisme, il abandonna tout pour se dévouer sans réserve à l'instruction de son bataillon.

Dans les premiers jours d'octobre, ce bataillon, alors en garnison en Normandie, fut appelé à Chartres et envoyé de là à Epernon pour contribuer à arrêter l'ennemi qui menaçait le département d'Eure-et-Loir. Dans l'engagement qui eut lieu le 4 octobre, sur les hauteurs qui dominent Épernon, Hippolyte Le Comte s'exposa avec une bravoure chevaleresque pour entraîner ses hommes et tomba à leur tête mortellement blessé. La ville d'Épernon a élevé un monument aux victimes de cette sanglante journée. En tête de leur liste figure le nom glorieux du commandant des mobiles de Châteaudun.

Marie - Joseph - Ernest Le Comte, second fils de M. Jean-François-Hippolyte Le Comte et de Mlle Marie-Léonide de Lamolère, naquit à Paris, le 23 mars 1838. Il entra à seize ans à l'Ecole navale, en sortit avec le grade d'aspirant et navigua quelque temps, avec ce grade, dans la Méditerranée.

Contraint, au bout d'un certain temps, pour des raisons de santé, de quitter le service, il donna sa démission et rentra dans la vie privée, s'occupant de questions d'histoire et d'art rétrospectifs.

Lors de la guerre contre l'Allemagne, il suivit le généreux exemple de son frère et demanda à rentrer dans la marine, qu'il n'avait quittée qu'à regret. Malgré les difficultés qu'il rencontra, il obtint gain de cause, grâce à sa persévérance, et fut réintégré dans son grade. Il prit part à la défense de Paris, en qualité d'officier d'ordonnance du capitaine de frégate Goux, qui commanda d'abord une des sections de la flottille stationnée à Port-à-l'Anglais, puis un des bastions du VIe secteur, près du Point-du-Jour.

La croix de la Légion d'honneur qu'il reçut vers la fin du siège, prouve suffisamment qu'il fit son devoir.

Après la guerre, M. Ernest Le Comte, rendu une seconde fois à la vie civile, mit tous ses soins à la gestion de ses propriétés : il continua l'œuvre de sa mère en dotant la Perrine de constructions commodes et pratiques. Mais ce que son administration offre de plus saillant, ce sont les importantes adjonctions qu'il a faites à la Perrine.

Le 16 avril 1881, devant Me Renault, notaire à Châteaudun, il acquit du vicomte et de la vicomtesse Gonzalve de Villebresme, du baron et de la baronne Maurice de Villebresme, du baron et de la baronne de la Paumelière, propriétaires par indivis, toute la partie de la terre d'Aunay située sur la rive droite du Loir et comprenant la métairie de Fosse au Chef (77 hectares environ), celle de Monthion (122 hectares environ), et des bois d'une contenance de 66 hectares, le tout donnant un total de 265 hectares. Le prix d'achat était de 457.000 francs.

Par cette acquisition la terre de la Perrine se trouve reconstituée telle qu'elle a été possédée par les anciens seigneurs jusqu'au mariage des deux filles de Philippe de Mailly.

LE CHATEAU DE LAMOLÈRE [1]

Le château de Lamolère ou de Sibirol est situé au nord de la commune de Floirac, sur la croupe arrondie de ses derniers coteaux.

C'était au milieu du XVIIe siècle une maison noble appelée « les Feuillas », probablement à cause des grands arbres qui l'entouraient et la cachaient sous leur feuillage. Le 29 décembre 1649 elle fut témoin d'un événement historique. Le duc d'Epernon, qui s'était fait battre à la Bastide par les protestants de Bordeaux, rallia le soir ses troupes sur les hauteurs de Floirac, s'établit dans la maison des Feuillas et y réunit son conseil de guerre, auquel il proposa de tenter le lendemain une nouvelle attaque contre les Bordelais.

Le conseil garda un instant le silence ; puis un officier se leva et dit au nom de tous qu'ils étaient prêts à recommencer, mais qu'ils suppliaient Monseigneur le Duc de se mettre à leur tête. A ces paroles, dit un historien, « d'Epernon resta sans réponse et sans couleur », leva la séance et quitta les Feuillas le lendemain pour se retirer sur Créon.

Au mois d'août 1650, la maison noble des Feuillas reçut encore un illustre visiteur, le cardinal de Mazarin. Il était allé rejoindre le maréchal de la Meilleraye

<hr>

(1) Archives de la Gironde. Archives de Floirac. — Chronique bordelaise. — *Histoire de Bordeaux,* par Dom de Vienne. — *Mémorial bordelais* du 16 avril 1828.

à Créon, et comme il ne connaissait pas encore Bordeaux, il s'avança avec une nombreuse escorte jusqu'aux Feuillas, pour voir de ce point élevé la ville rebelle. Il alla se reposer sur la terrasse qui précédait la maison et resta quelque temps à admirer la belle perspective qui se déroulait sous ses yeux et surtout cette ville superbe qui ne voulait pas reconnaître son autorité.

Au XVIIe siècle, messire de la Roque était seigneur des Feuillas, pour lesquels il rendit hommage au Roi ; puis ils passèrent dans la famille de Lamolère qui en resta possesseur jusqu'à la Révolution. Bernard de Lamolère de Sibirol rendit hommage à Louis XV pour la maison noble et le fief des Feuillas.

M. Jean-Baptiste de Lamolère, neveu du précédent, était un riche seigneur qui s'était fait construire une maison à Bordeaux, près du grand théâtre, par l'architecte Louis. Après 1789, lorsque la Révolution devint menaçante, M. de Lamolère n'alla plus à son château et en confia l'administration à son fermier nommé Jean-Baptiste Mialhe ; puis il se retira d'abord à Toulouse, puis à Paris d'où il correspondait avec lui.

Mais en 1793, Mialhe ne recevant plus de lettres, alla déclarer à la maison commune de Floirac qu'il croyait que le ci-devant seigneur de Lamolère avait émigré.

Sur cet avis, le citoyen Coursibault, maire de Floirac, nomma une commission composée des citoyens Coursibault, maire, Duffour, officier municipal, Fourcaud aîné, Joseph Coursibault et Vaissières, pour s'assurer du fait et procéder à l'inventaire des lieux. Cette commission alla faire une visite au domaine de Lamolère, constata l'absence du ci-devant seigneur, saisit les papiers, dressa l'inventaire des meubles et

BORDEAUX, VU DU CHATEAU DE FEUILLAS

immeubles, mit le tout sous séquestre et en confia la garde à Mialhe jusqu'à nouvel ordre.

Cet ordre se fit attendre deux ans ; puis l'administration de la Gironde ayant acquis la certitude que M. de Lamolère avait émigré, le domaine fut vendu le 16 prairial an III, et acheté 95.524 livres par le sieur Alexandre Arnault. La maison de Bordeaux avait été vendue le 5 du même mois au sieur Samuel Garret, moyennant 126.000 livres.

Le domaine de Lamolère ou Sibirol passa ensuite dans plusieurs mains. Sous la Restauration il appartenait à M. Cartier.

Le 15 juillet 1828, la duchesse de Berry, qui revenait de faire une excursion à Bouliac avec les autorités de la ville, voulut visiter Sibirol ; elle fut reçue par M. et Mme Cartier, et sa visite est racontée ainsi qu'il suit dans un journal de l'époque. « De ce coteau, la ville de Bordeaux, son port, sa rade offrent un spectacle ravissant. Après en avoir joui un instant, Madame fut guidée vers une allée au bout de laquelle on distingue la ville sous un nouvel aspect. Au moment de l'arrivée de Son Altesse Royale, une musique douce, touchante d'expression se fit entendre, et un chant pastoral fut exécuté par les premiers sujets et les chœurs de notre opéra. » Madame remercia, parut satisfaite et reprit le chemin de Bordeaux.

Lamolère a été visité depuis cette époque par d'autres grands personnages et l'est encore journellement.

Il a appartenu longtemps à M. Basse, qui fut président du tribunal de commerce de Bordeaux, puis à M. Cahuzac, armateur, qui le possédait en 1867.

Voici la description, à cette époque, du château de Lamolère.

Cet édifice situé sur les coteaux de Floirac, se compose d'un long rectangle à un seul étage, isolé de toutes constructions. Au centre est une vaste pièce traversant le château dans sa largeur et aboutissant à deux perrons qui ornent les deux façades ; de là partent des corridors qui conduisent dans les nombreux appartements. A peu de distance sont des servitudes, logements de colons, chais, cuviers, serres, orangerie, écurie, remises ; le tout forme un quadrilatère, au centre duquel est une vaste cour.

Autour de ces constructions sont des jardins anglais, de vastes pelouses, des massifs de fleurs et de verdure et des allées sablées, courant en tous sens sur la cime et les flancs du coteau, parmi de grands chênes et de grands ormes. Au nord s'élève une garenne qui occupe tout le coteau jusqu'aux limites de Floirac et dans laquelle le paysagiste Fischer a dessiné des allées savamment tracées, élevé des kiosques et embelli tous les accidents du terrain.

Avec ses alentours grandioses et sa vue splendide, le château de Lamolère forme une des plus belles habitations, du canton. Il est entouré d'un grand vignoble ; on y récolte, année ordinaire, de 60 à 80 tonneaux de vins de côtes, très estimés des gourmets.

Tableau généalogique de la famille De LAMOLÈRE depuis 1700

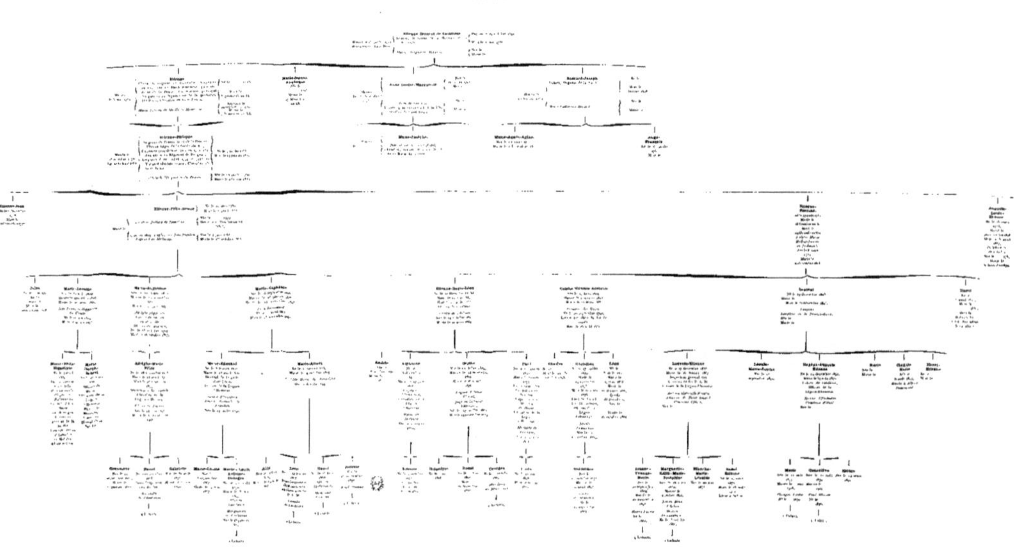

Raccordement de la branche Lamolère de Bordeaux à la branche Lamolère du Quercy

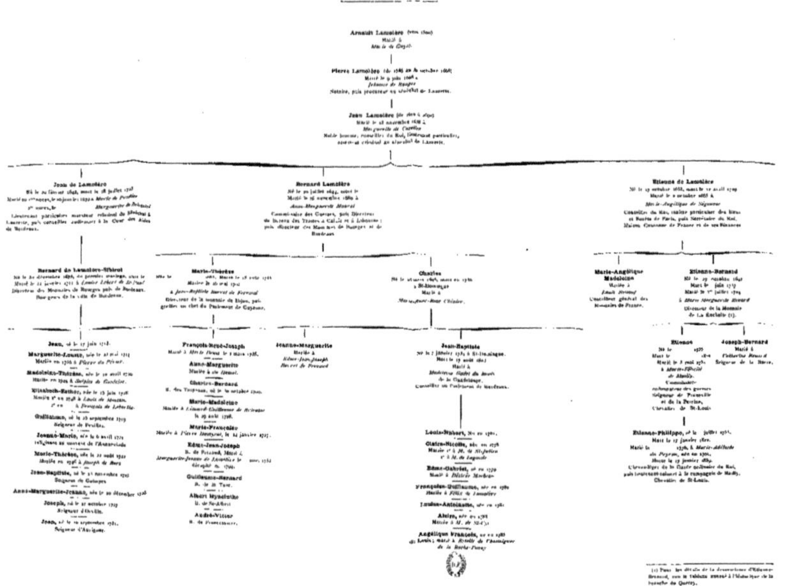

www.ingramcontent.com/pod-product-compliance
Ingram Content Group UK Ltd.
Pitfield, Milton Keynes, MK11 3LW, UK
UKHW022331090726
13658UKWH00001B/213